Ellen Ungerer
Linda Limmeroth

Wir
vom Jahrgang
2000

Kindheit und Jugend

Impressum

Bildnachweis:

Alle Fotos stammen aus den Privatarchiven der Autorinnen mit Ausnahme von:

ullstein bild – SPUTNIK: S. 40;

ullstein bild – CARO/Frank Sorge: S. 41;

ullstein bild – Olivia Heussler: S. 42;

ullstein bild – snapshot-photography/Future Image/Van Tine: S. 50;

ullstein bild – Olaf Wagner: S. 57.

Wir danken allen Lizenzträgern für die freundliche Abdruckgenehmigung.
In Fällen, in denen es nicht gelang, Rechtsinhaber an Abbildungen zu ermitteln,
bleiben Honoraransprüche gewahrt.

3. Auflage 2024
Alle Rechte vorbehalten, auch die des auszugsweisen
Nachdrucks und der fotomechanischen Wiedergabe.
Gestaltung und Satz: r2 | Ravenstein, Verden
Druck: Druck- und Verlagshaus Thiele & Schwarz GmbH, Kassel
Buchbinderische Verarbeitung: Buchbinderei S. R. Büge, Celle
© Wartberg-Verlag GmbH
34281 Gudensberg-Gleichen • Im Wiesental 1
Telefon: 056 03/9 30 50 • www.wartberg-verlag.de
ISBN: 978-3-8313-3100-0

Liebe 2000er!

Als wir zur Welt kamen, hatte gerade ein neues Jahrtausend begonnen und das sollte viele Veränderungen mit sich bringen, nicht nur für uns und unsere Familien. Waren die ersten Fotos von uns noch auf Filmrolle gebannt und dudelten unsere Kinderlieder aus dem Kassettenrekorder oder CD-Player, traten schon bald Digitalkamera, Handy, MP3, Laptop, Smartphone und Tablet in unser Leben und machten uns zu „digital natives". Doch wenngleich die Welt um uns herum technologisch und digital immer mehr aufrüstet, sind wir auch in der analogen Welt zuhause: egal ob beim Waldtag im Kindergarten, beim Geburtstagsfest in der Kletterhalle, beim Cruisen auf der Skaterbahn oder beim Chillen mit Freunden.

Wir hoffen, bei euch mit diesem Buch eigene Kindheits- und Jugenderlebnisse wachzurufen und euch in frühere Momente eintauchen zu lassen. Inspirieren ließen wir uns von Erzählungen von Freund*innen, Verwandten und Bekannten, beim Blättern in Fotoalben und natürlich von unseren eigenen Erfahrungen.

Und jetzt wünschen wir euch viel Spaß beim Stöbern und Erinnern!

Ellen Ungerer   Linda Limmeroth

Frisch ins **neue** Jahrtausend

So friedlich sollte es nicht immer mit uns zugehen.

Was wir verpasst haben

Mit unserer Geburt begann nicht nur unser Leben, sondern ein ganz neues Jahrtausend.

Während die gesamte Welt sich mit abstürzenden Computern oder der neuen Zahlenkombination im Datum beschäftigte, hatten unsere Eltern ganz andere Sorgen. Nämlich uns! Auf Flohmärkten und in verschiedensten

Chronik

18. Januar 2000
Nachdem die Spendenaffäre aufgeflogen ist, tritt Altbundeskanzler Helmut Kohl (CDU) zurück.

11. Mai 2000
Die Einwohnerzahl Indiens übersteigt die Milliardengrenze.

17. Juli 2000
Dr. Baschar al-Assad wird Staatspräsident von Syrien.

14. Oktober 2000
„Harry Potter und der Feuerkelch" erscheint und wird ein Renner.

2. November 2000
Die Raumstation ISS wird zum ersten Mal von Astronauten bezogen.

2. Januar 2001
Erstmals dürfen Frauen von der Bundeswehr ausgebildet werden.

12. März 2001
Die Taliban zerstören zwei uralte Buddha-Statuen in Afghanistan.

1. Juni 2001
Der Schutz der Wale im Schwarzen Meer wird ausgerufen.

11. September 2001
Terroranschläge auf das World Trade Center und das Pentagon in den USA fordern tausende Todesopfer.

1. Januar 2002
Der Euro kommt in den Umlauf.

26. August 2002
Der erste Weltgipfel für nachhaltige Entwicklung findet in Johannesburg statt.

August 2002
Extreme Regenfälle führen zu Hochwasser in Mitteleuropa und auch zur Elbflut in Sachsen und insbesondere Dresden.

12. Oktober 2002
Bei einem Bombenanschlag auf eine Disco in Bali werden 202 Menschen getötet.

Wir gingen früh auf Tuchfühlung.

Läden wurden erste schöne Stücke wie Bodys, Mützchen und Schnuller ergattert.

Zuhause wurde so manches Möbelstück durch eine Wickelkommode, ein Gitterbettchen und einen Stubenwagen ersetzt. Die ganz aktiven Eltern hatten sich zusätzlich in einem Geburtsvorbereitungskurs auf uns kleine Racker vorbereitet. Doch keine Vorbereitungen konnten sie auf das einstellen, was nun beginnen sollte.

Dann kamen wir

Dann kamen wir – Anna, Paul, Lea, Lukas, Sarah und Tim – gemeinsam mit 766 999 anderen Neuankömmlingen auf die Welt. Ob zuhause, im Geburts- oder Krankenhaus oder sogar mit geplantem Kaiserschnitt, anstrengend war es überall.

Wie die nächsten Wochen verlaufen sollten, entschieden nun ganz der Charakter des Kindes und die verschiedensten Philosophien, nach denen sich unsere Eltern richteten.

Was macht man also bei einer Erkältung? Antibiotika? Homöopathische Globuli? Alte Hausfrauenmittel wie Quarkwickel? Und reinigt Dreck nun den Magen oder muss man in allen Situationen ein Feuchttuch parat haben?

Ein ganz besonders heikles Thema war auch die Schlafenszeit. Sollte man nur die Regungen des Babys beachten oder hat es um Punkt sieben die Augen zu schließen? Einfach schreien lassen oder niemals aus den Händen geben?

Zumindest beim Stillen waren sich die meisten einig und viele von uns kamen in den Genuss der Muttermilch. Kurze Zeit später wurden dann auch die Stoffwindeln gegen die doch sehr angenehmen Wegwerfwindeln eingetauscht. Da waren unsere Eltern ganz schön froh, als das Thema Windeln durch das Töpfchen abgelöst werden konnte. Wie man sieht waren wir ein Vollzeitjob.

Nach den ersten Wochen waren wir tagsüber meist Aufgabe unserer Mütter, da viele Väter wieder zur Arbeit gingen. Doch sie brauchten sich keine Sorgen zu machen, denn in der Nacht hatten beide das Vergnügen.

Raumstation ISS

Die Raumstation ISS (International Space Station) war seit 1998 in Bau und seit dem 2. November 2000 ununterbrochen von Astronauten bewohnt. Beteiligt am Projekt ISS sind die USA, Russland, Länder Europas, Japan sowie Kanada. Geplant ist der Betrieb der Raumstation bis 2024, dann soll sie über dem Südpazifik wieder in die Erdatmosphäre eindringen, um Weltraumschrott zu vermeiden.

Mit 215 Tagen vollführte Michael Lopez-Algria die längste ISS-Mission. Durchschnittlich forschen die Astronauten allerdings nur ein knappes halbes Jahr im Weltraum und beeindrucken uns mit wunderschönen Fotos von der Erde.

Schritt für Schritt

Heute denken wir gar nicht mehr über Sachen wie Gucken, Lachen, Sitzen, Essen, Sprechen und Laufen nach, doch damals erforderten sie tagelanges, ehrgeiziges Üben. Die Arbeit hat sich allerdings gelohnt, denn früher oder später hatten wir uns alle diese „Skills" erkämpft.

Bevor es aber mit dem Laufen so weit war, genossen wir die Zeit in Tragetüchern, Kinderwägen, Maxi Cosis oder, wenn wir ganz besonders viel Glück hatten, auf den Schultern.

Im Tragetuch erlebten wir hautnah alles mit.

Auch im Kinderwagen waren wir überall dabei.

1. bis 3. Lebensjahr

Die ersten Löffelchen Babybrei nahmen wir auf unseren geliebten Trip-Trap-Stühlen ein, die uns noch eine ganze Weile begleiten sollten. Karottenbrei aus dem Gläschen, frisch püriertes Apfelmus, zerquetschte Banane und Reiswaffeln waren bei uns ganz besonders beliebt.

Wir probierten einfach alles ...

11. September 2001

Am Morgen des 11. September 2001 wurden vier Flugzeuge von Mitgliedern der islamistischen Terrorgruppe al-Qaida entführt. Kurz darauf lenkten die Terroristen, nach vergeblichen Versuchen der Passagiere, sie zu stoppen, zwei der Flugzeuge in das World Trade Center in New York. Ein weiteres stürzte in das Pentagon in Washington, während das vierte in Pennsylvania abstürzte. Die Terroranschläge verursachten einen Massenmord, bei dem 3000 Menschen ums Leben kamen. Die ganze Welt schaute in diesen Stunden ungläubig auf New York. Dieses Datum versetzte viele Menschen in eine Schockstarre und ließ sie auch im Alltag für eine lange Zeit nicht mehr los.

UnentBÄRlich

Mit den ersten Krabbelerfolgen und bald auch
Schritten vermehrte sich unser Besitz mehr
und mehr. Am Anfang ließen wir uns noch mit
Mobiles über der Wickelkommode bespaßen,
doch später brauchten wir etwas Greifbares.
Ob das Rasseln, Klötze oder zur Not ein
Schlüssel waren, alles, was wir in unsere
kleinen Fingerchen bekamen, war interessant.
Als wir endlich groß genug für unser eigenes
Gitterbett waren, wurden wir schon von
einer ganzen Kuscheltierparade erwartet.
Schnell gehörten sie zu unserem Leben und
wurden unentBÄRlich. Zwischen teuren
Steiff-Teddybären fanden sich auch rosa

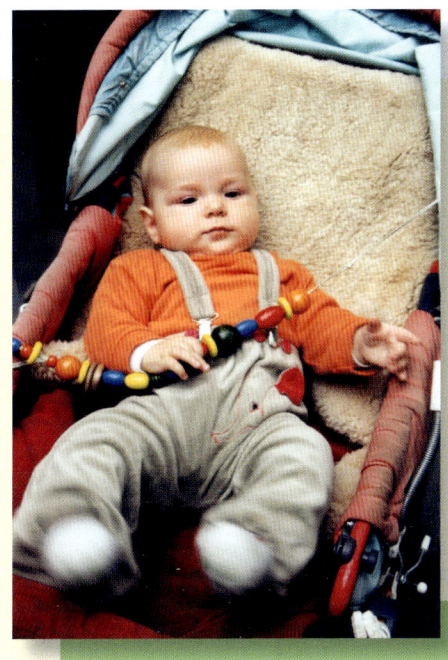

Bespaßung im Kinderwagen.

glitzernde „Hello Kittys" und blinkende Rennautos wieder. Wir schlossen sie
alle gleichermaßen in unser Herz. Unsere neuen Freunde guckten uns auch
gerne dabei zu, wie wir alle möglichen Sachen vom Tisch warfen und uns
dabei freuten. Für unsere Eltern war das nach dem 20. Mal Aufheben nicht
mehr so spaßig. Aber dieses
Spiel ist sicherlich keine
Modeerscheinung, sondern in
allen Generationen bekannt.

Der Lieblingsteddy!

9

Der Euro

Am 1. Januar 2002 kam der Euro, welcher am 1. Januar 1999 als Buchgeld eingeführt wurde, in den Umlauf. Damit löste er bis heute in 19 Ländern die nationalen Währungen ab und verband die Mitgliedsstaaten der Europäischen Wirtschaftsgemeinschaft.

Ein Ziel war es, den Handel zwischen den Ländern zu vereinfachen und damit die Wirtschaft nach vorne zu bringen.

Heutzutage ist der Euro nach dem Dollar die weltweit wichtigste Reservewährung der Zentralbanken.

Faszination Computertastatur

Wir sind wahrscheinlich eine der ersten Generationen, die von Anfang an hautnah mit Computern, Handys und Kameras aufgewachsen sind. Da entwickelte sich die Computertastatur auch schnell mal zu unserem neuen Lieblingsspielzeug.

Alles, was wir uns heute als Erinnerung anschauen können, sind Fotoalben und ein paar Videokassetten unserer ersten Schritte. Zum Glück wurden wir nicht, wie die Babys heutzutage, in jeder möglichen Position fotografiert, für uns taten es auch die 36 Fotos eines Films.

Auf Filmrolle gebannt.

Wir „begriffen" unsere Umwelt mithilfe von Knete, Büchern oder Holzspielzeugen.

Allerdings waren wir wohl die letzten Babys, die man auf Fotoabzügen dieser Art sieht, denn schnell etablierte sich die Digitalkamera. Mit ihr ging der Fotomarathon los, der allerdings nicht zu vergleichen ist mit dem heutiger Baby-Paparazzi.

Promis – auch sie sind 2000 geboren

Noah Lindsey Cyrus *8. Januar
in Nashville/Tennessee
Noah Lindsey Cyrus ist die Schwester
von Miley Cyrus und Synchronsprecherin
(z. B. in „Ponyo – Das große Abenteuer
am Meer").

Mike Singer *20. Januar in Kehl
Mike Singer ist deutscher Popsänger,
Songwriter und YouTube-Star. 2015 ver-
öffentlichte er seine erste EP „Nur mit dir".

Anna Ermakova *22. März in London
Anna Ermakova ist die Tochter von
Boris Becker und ein bekanntes Model.

Meira Durand *3. Mai in Köln
Meira Durand wirkte zunächst in der
komischen Oper Berlin mit und wurde
schließlich durch ihre Hauptrolle in
„Hier kommt Lola" als Lola bekannt.

Willow Shields *1. Juni
in Albuquerque/New Mexico
Willow Shields ist bekannt für ihre Rolle
als Prim in „Die Tribute von Panem".

Jasmine Thompson *8. November
in London
Jasmine Thompson ist eine britische
Sängerin, welche 2013 ihren Durchbruch
mit „Ain't Nobody" (Cover von Chaka
Khan) erzielte. Bekannt ist sie auch durch
ihre YouTube-Videos.

Mackenzie Foy *10. November
in Los Angeles
Mackenzie Foy ist eine US-amerikanische
Schauspielerin und Model. Bekannt wurde
sie vor allem 2012 durch ihre Mitwirkung
beim Film „Bis(s) zum Ende der Nacht".
2014 gewann sie den Saturn Award als
beste Nachwuchsschauspielerin.

1. bis 3. Lebensjahr

Raus aus dem Kinderwagen

Der Kindergarten war für uns das reinste Abenteuer.

Kindergarten: Der Beginn unserer Karriere

Bald war es dann so weit: Wir fingen an, die große weite Welt zu erkunden und machten Krippen oder Kindergärten unsicher. Endlich konnten wir eine eigene „Gang" mit unseren Altersgenossen gründen. Unsere Abenteuer bestanden aus Ausreißversuchen, dem Erklimmen von riesigen Schaukeln, dem Essen von Vogelbeeren und allem, was unseren Weg kreuzte. Dabei zogen wir uns erste Verletzungen zu und hielten unsere Eltern weiterhin auf Trab.

Chronik

5. Juni 2003
Politiker Jürgen Möllemann (FDP) stirbt unter mysteriösen Umständen bei einem Fallschirmsprung.

30. Juli 2003
Nach über 21,5 Millionen produzierten VW Käfern wird die Herstellung dieses Kultautos eingestellt.

August 2003
Das Hoch „Michaela" bringt bis zu 47 Grad Celsius in Europa, der Jahrhundertsommer Europas lässt tausende Menschen sterben, trocknet Flüsse aus und führt zu Waldbränden.

4. Februar 2004
Das soziale Netzwerk Facebook wird von Mark Zuckerberg gegründet.

1. Mai 2004
Estland, Lettland, Litauen, Malta, Polen, Slowakei, Slowenien, Tschechien, Ungarn und Zypern werden in die Europäische Union (EU) aufgenommen.

26. September 2004
Ein Erdbeben löst mehrere Tsunamis an Küsten des Indischen Ozeans aus, an dessen Folgen ca. 230 000 Menschen sterben, über 110 000 verletzt und über 1,7 Mio. Menschen obdachlos werden.

2. November 2004
George W. Bush gewinnt die 55. Wahl zum Präsidenten der USA gegen John Kerry.

14. Februar 2005
YouTube wird von dem gleichnamigen kalifornischen Unternehmen gegründet.

19. April 2005
Benedikt XVI. wird in Rom zum neuen Papst gewählt.

7. Juli 2005
Vier Islamisten verüben Terroranschläge auf drei Bahnen und einen Bus in London. Dabei werden 52 Menschen ermordet, fast 800 weitere werden verletzt.

Oktober 2005
Der Wiederaufbau der im Zweiten Weltkrieg fast komplett zerstörten Frauenkirche in Dresden wird abgeschlossen.

22. November 2005
Angela Merkel (CDU) wird als erste Frau deutsche Bundeskanzlerin.

Mit selbst gebastelter Laterne zum Martinsumzug.

Die unvermeidliche Trotzphase führte zu verheulten Gesichtern, ausgerupften Haaren und ersten Meinungsverschiedenheiten mit unseren Freund*innen.

Im Kindergarten angekommen, mussten wir uns zum ersten Mal in eine Gruppe einfügen. Uns wurde bewusst, wie schön es ist, Freundschaften zu erleben, und wir lernten, was unser Verhalten für andere bedeuten kann. Wir mussten einstecken können und wenn mal eine Ermahnung von den Erzieher*innen kam, auch damit umgehen können.

Unsere Tage bestanden aus gemeinsamem Singen und Spielen in der Puppen- oder Bauecke. Bei Wind und Wetter wurden neue Ecken des Außengeländes erkundet. Jeder Baum und

jede Hecke konnten etwas Besonderes sein und schon kleinste Veränderungen waren Abenteuer pur. So zum Beispiel die Neuankömmlinge, ein gefällter Baum oder eine neue Schaukel.

Je nach Kindergarten hieß es auch einmal in der Woche: Ab in die Natur. Manche entdeckten Steinbrüche im Wald oder neue Spielplätze, Andere marschierten nur in Zweierreihen zum nächsten Park, um dort Schnecken zu sammeln. Besonders spannend wurden die Ausflüge aber durch die Straßenbahn- und Busfahrten. Dadurch bekam man immer ein kleines Reisegefühl.

Bereit für die Faschingsparty.

Doch die eigentlichen Highlights des Jahres waren all die Feste, die wir gemeinsam feierten. Ob die Faschingsparty, ein Bairamfest, bei dem wir zum Beispiel türkische Spezialitäten kennenlernten, der große Martinsumzug oder die gemeinsame Adventszeit – es bedeutete immer tagelange Vorfreude.

Das alles erlebten wir entweder in der Frosch-, Känguru-, Zwergen- oder Roten und Blauen Gruppe.

In so einem Wagen ließ sich allerlei befördern.

On tour

Im Laufe unserer Entwicklung wurden wir nicht nur größer, sondern auch schneller. Hatten wir einmal ein Ziel anvisiert, waren wir nicht mehr zu bremsen. Ein typisches Bild für diese und die kommende Zeit waren kleine flitzende Kinder, die kurz vor einer Straße, von großen, hinterherflitzenden Eltern abgefangen wurden. Unsere Perspektive hatte sich komplett verändert.

Alles, was wir bisher gerade so über den Rand des Buggys hinaus erspähen konnten, wurde nun auf eigenen Beinen erkundet. Kein Wunder, dass wir bei dieser unendlichen Auswahl an interessanten Dingen kaum noch stillstehen konnten. Das endete schnell mit einem Aufruf des Servicecenters in einem Einkaufszentrum.

Beschäftigen konnte man uns auch stundenlang im Garten, nachdem wir den Schwung des Schaukelns heraus hatten. Da kamen wir das erste Mal von ganz alleine auf eine hohe Geschwindigkeit.

Unser erstes eigenes Fahrzeug hieß Bobbycar. Das Gefühl, durch die Gegend gefahren zu werden, kannten wir zwar schon lange, aber es war nicht zu vergleichen mit unserem eigenen Auto. Für uns war das knallrote, mit einer Hupe ausgestattete Gefährt ein riesiger Spaß, unsere Nachbarn teilten diese Freude nach einem ganzen Tag Geratter und Gehupe eher weniger mit uns.

Superstolz besaßen wir auch nach dem nächsten Geburtstag unser erstes Puky-Rad mit Stützrädern. Endlich runter von den montierten Sitzen an den riesigen Fahrrädern unserer Eltern, waren wir Feuer und Flamme, unser eigenes Rad zu beherrschen. Nach langem Üben und einigen Schürfwunden konnten wir bald ein paar wacklige Meter klingelnd unser Können beweisen.

Noch mehr Mut mussten wir aufbringen, um mit dem Wasser Bekanntschaft zu machen. Die einen taten dies mit vier und die anderen erst mit sieben Jahren, doch aufregend war es in jedem Alter. Schritt für Schritt hangelten wir uns am Rand entlang, bis wir den Boden unter unseren

... dann Fahrrad.

Erst Dreirad ...

Füßen verloren. Viele machten diese Erfahrung gemeinsam mit anderen Anfängern im Schwimmkurs. Zunächst mit vollgepacktem Schwimmgürtel, der jedoch Woche für Woche dünner wurde, schafften wir unsere ersten Züge bald ganz allein. Ohne Gürtel, dafür mit geduldigen Eltern, hatten letztendlich alle das Seepferdchen auf ihren Badeklamotten aufgenäht.

Dieser Lebensabschnitt erforderte viel Ehrgeiz und Geduld von uns, was sich jedoch auch auszahlte, denn nun konnten wir uns, egal ob im Wasser oder an Land, selbst fortbewegen.

Erschütterung im Indischen Ozean

Das Sumatra-Andamanen-Beben am 26. Dezember 2004 kostete etwa 230 000 Menschen das Leben.

Vor der indonesischen Insel Sumatra löste das unterseeische Beben mehrere Tsunamis an den Küsten des Indischen Ozeans aus.

Mit einer Magnitude, dem Maß für Erdbeben, von 9,1 war es das drittstärkste, welches jemals aufgezeichnet wurde. Die Flutwellen führten zu tausenden Toten, Verletzten sowie Obdachlosen und die Zerstörungen beeinträchtigten die Gebiete noch Jahre nach dem Vorfall.

Ich mach' mir die Welt, wir sie mir gefällt

Mit dem Fernseher oder dem ersten Besuch im Kino eröffnete sich eine ganz neue Welt für uns. Vielen wurde dieses Vergnügen lange vorenthalten, da unsere Eltern mehr Wert auf Ausflüge oder andere Aktivitäten legten. Doch spätestens nach einem kleinen Wutanfall, von dem wir Ablenkung brauchten, oder wenn wir krank und nutzlos im Bett lagen, bekamen wir zum ersten Mal unsere Kindheitshelden zu Gesicht. Wir schauten Pippi Langstrumpf bei einem Ausritt mit Kleiner

Gewappnet für den Regentanz.

Onkel und Herrn Nilsson zu, flogen mit Biene Maja durch den Blumenwald und beneideten Nils Holgersson um seinen Platz in dem Wildgänseschwarm.

Wir waren fasziniert von den vielen unbekannten Orten und den erstaunlichen Sachen, die passierten. Auf einmal konnten Tiere sprechen, oder die Küche wurde mit den Füßen geputzt. Es musste einen ganz schönen Eindruck auf uns gemacht haben, wenn Pippi Langstrumpf auf ihrem Dach herumturnte und unsere Abenteuerlust wurde noch mehr entfacht. Plötzlich wollten wir auch so stark sein, so viel Mut haben und einfach in die Welt unserer Helden eintauchen.

Mmh, Nils Holgersson oder Pippi Langstrumpf?

Die meisten dieser Serien gab es noch schön oldschool auf einer Videokassette und einem kleinen quadratischen Fernseher zu sehen, doch für manche war auch das Fernsehprogramm sehr interessant. Besonders beliebt war die quietschbunte Welt der Teletubbies und natürlich unser stetiger Begleiter in die Nacht, das Sandmännchen. Spannung lösten jedoch nicht nur die Dinge aus, die wir sahen, sondern auch Hörspiele oder Lieder. Ganze Nachmittage lagen wir auf unserem flauschigen Teppich und erlebten kuriose Augenblicke mit Bibi Blocksberg, Benjamin Blümchen und Conni. Das war für unsere Eltern mit Sicherheit immer noch angenehmer als die pausenlose Beschallung von der Kinderlieder-Kassette. Wenn sie dann mal durchgelaufen war, hieß es für uns nur: „… und dann, und dann, fängt das Ganze schon wieder von vorne an …", das führte ganz bestimmt zu einem ungewollten Ohrwurm unserer Eltern.

Vielleicht deshalb, aber vor allem, um uns noch ein bisschen von der Medienwelt fernzuhalten, entschieden sich manche Eltern eher für Bücher als für Filme. Und mit den schönen Bildern und der sanften Vorlesestimme schafften sie es genauso gut, uns in andere Welten zu teleportieren. Besonders die Bauernhöfe mit den winzigen Tieren und Menschen und was es sonst noch alles zu finden gab, schafften es ganz leicht, unsere Aufmerksamkeit zu bekommen und schärften bestimmt den Blick des oder der einen oder anderen.

4. bis 6. Lebensjahr

Neues Berufsfeld: YouTuber

Als das kalifornische Unternehmen YouTube am 14. Februar 2005 in San Mateo das gleichnamige Portal YouTube schuf, war den Gründern Chad Hurley, Steve Chen und Jawed Karim sicher nicht bewusst, dass es nur kurze Zeit später zum führenden Videoportal im Internet aufsteigen würde. Die Idee stammte aus einer Garage. Bereits 2006 wurde YouTube von Google aufgekauft. Das Motto „Broadcast Yourself" = „Sende dich selbst" blieb jedoch erhalten. Durch starke Weiterentwicklung von Computern und Handys ist es jedem und jeder möglich, eigene Videos zu produzieren, zu schneiden und hochzuladen. Zehn Minuten lang durften diese in der Anfangszeit maximal sein. Schnell wurde aus dem Hobby vieler ein Beruf. Schon bald wurden Beautytipps, Let's plays, Lifestyle Inspiration und vieles Weitere – meist finanziert durch Werbung – geteilt.

Der Klassiker am Kindergeburtstag: Topfschlagen.

„Wie schön, dass du geboren bist"

Einen ganzen Tag König*in sein, das erfuhren wir zum ersten Mal ganz bewusst an unserem vierten Geburtstag. Es wurden Einladungen für unseren Kindergeburtstag gebastelt, ein Wunschzettel geschrieben oder wir ließen uns einfach von unserer Familie überraschen. Von Geburtstagen anderer wussten wir, dass dies ein ganz besonderer Tag sein würde und fieberten meist schon Tage oder sogar Wochen lang darauf hin.

Dann musste nur noch die letzte Nacht vorübergehen, bis wir die Frage, wie alt wir wären, endlich mit einem Finger mehr anzeigen konnten. Aber bis es an das Geschenkeauspacken ging, ließen wir uns noch mit Liedern wie „Wie schön, dass du geboren bist", „Viel Glück und viel Segen" oder dem klassischen „Happy Birthday" besingen. Stolz konnten wir uns dann um unseren von vier Kerzen verzierten Gabentisch kümmern. Ein Fahrrad, eine CD oder Kassette, ein Kassettenrekorder, eine neue Polly Pocket oder erstes eigenes Werkzeug versüßten uns den Tag und mindestens noch die nächsten Wochen.

Wenn wir Glück hatten, durften wir uns vorher einen bestimmten Kuchen wünschen, von dem dann, unter Anfeuern unserer Freund*innen, möglichst alle

Kerzen auf einmal ausgepustet wurden, und solange es noch rauchte, wünschten wir uns etwas, „ganz geheim".

Nachmittags trudelte dann eine ganze Horde Kinder bei uns ein, mit der erst einmal Kuchen gegessen wurde, dazu gab es zur Feier des Tages ein Glas Cola oder Limo. Weiter ging das Programm meist mit Flaschendrehen, Topfschlagen, der Reise nach Jerusalem oder Stopptanz. Höhepunkt der Feier war die Schatzsuche, aufgeregt folgten wir Kreidepfeilen, roten Bändern oder lösten Rätsel, die uns zum nächsten Ort führten. Belohnt wurden wir mit Süßigkeiten, schönen Magneten, Stiften oder anderen Kleinigkeiten.

Luden wir unsere Freund*innen nicht nach Hause ein, dann zu gemeinsamen Bastelkursen, in Abenteuerparks, auf den Bauernhof oder in das Schwimmbad.

Ob zuhause oder woanders, beendet wurde unser Kindergeburtstag meistens noch mit gemeinsamem Pommes- oder Pizzaessen, wobei das Stoppessen natürlich nicht fehlen durfte. Besonders spannend war es auch Jahr für Jahr wieder, wenn wir erzählt bekamen, wie der Tag unserer Geburt abgelaufen war.

Nach so einem ausgefüllten Tag fielen wir abends sofort ins Bett und freuten uns schon, unsere Geschenke am nächsten Tag noch einmal zu inspizieren.

Wo ist der Schatz?

„Ich will jetzt SPIELEN!"

Schnipp, schnapp

Wir hatten nun schon ein paar Geburtstage miterlebt und somit schon eine kleine Sammlung an Spielzeug zu präsentieren. Bei den einen häufte sich Bastelzeug an, bei den anderen bestand die Gefahr, nachts auf Playmobil-Figuren zu treten. Nachmittagelang wurde verzweifelt versucht, die Anleitung der neuen Playmobil-Burg zu befolgen, bis wir es schließlich aufgaben und eine verrückte Kreation entstand. Wer in ihr leben durfte, wurde nach einem strengen Auswahlverfahren bestimmt, nur unsere neuesten und schönsten Figuren bekamen einen Platz.

Beim Basteln konnten wir unsere Kreativität noch besser ausleben mit den tollen Zickzack-Scheren und Stanzern. In der Bastelecke ging es wild zu: Es wurde geschnitten, geklebt, gerissen und gefaltet. Dabei konnte es auch passieren, dass wir mit einer neuen Frisur aus unserem Kinderzimmer kamen.

Außer sich zuhause zu beschäftigen, gab es auch noch die Möglichkeit, mit Gleichaltrigen einem Sportverein beizutreten, Blockflöte zu lernen oder sich draußen mit Freunden zu treffen.

Ein neuer Papst

In dem Konklave 2005, der Wahlver- sammlung zur Bestimmung eines neuen Papstes, wurde für den deutschen Kardinal Joseph Ratzinger gestimmt. Mit 115 Kardinälen hatte das Konklave eine vorher noch nie erreichte Größe. Kardinal Ratzinger löste Johannes Paul II. ab und nahm den Namen Benedikt XVI. an. Johannes war von 1978 bis zu seinem Tod 2005 Papst der römisch-katholischen Kirche. Sein Nachfolger Benedikt XVI. trat 2013 freiwillig von seinem Amt zurück.

Ferien auf dem Bauernhof waren voller Abenteuer.

Ich packe meinen Koffer

Oft waren es unsere Großeltern, bei denen wir unsere erste Nacht weit weg von zuhause verbrachten. Bepackt mit unserem Lillifee- oder „Bob der Baumeister"-Köfferchen zogen wir los. Alles, was anders als zuhause war, war zugleich fremd, aber auch aufregend und besonders. Es fing schon bei dem Geruch an, ging mit dem Essen weiter und endete schließlich mit einem großen, unbekannten Bett. Nachdem die Nacht, manchmal auch mit Heimweh verbunden, überstanden war, kamen wir ein bisschen größer nach Hause zurück.

Ein Strand war für uns wie ein riesiger Sandkasten.

Im Liegestuhl blieben wir nicht lange sitzen.

Spätestens bei dem ersten Familienurlaub, den wir bewusst erlebten, stellte sich heraus, dass wir uns immer da am wohlsten fühlten, wo unsere Eltern waren und wo wir deshalb kein Heimweh zu haben brauchten. Da erlebten wir plötzlich einen ganz anderen Alltag auf einem Bauernhof, in einem Hotel oder beim Campen. Schnell knüpften wir tolle Freundschaften, welche in den nächsten ein bis drei Wochen für aufregende Erlebnisse sorgten und oft noch Jahre später als Brieffreundschaften bestehen blieben.

Bauernhöfe waren ein beliebtes Ziel für Familien, weil sie unendliche Aktivitäten für die Kinder und Ruhe für die Eltern versprachen. Erlebnisse mit Tieren, beim Melken oder Traktorfahren mit dem Bauern machten das Abenteuer aus.

Doch auch in Hotels mangelte es nicht an Programm für Groß und Klein. Langeweile gab es nicht, dafür aber eine Kinderdisco, Schwimmbäder, Abendshows und große Spielplätze. Und wenn es dann noch einen Strand gab, waren sowieso alle zufrieden.

Eher abenteuerliche, aber genauso tolle Erfahrungen machten wir beim Campen. Alle Wetter hautnah mitzuerleben, Insekten um sich herum zu haben, draußen zu kochen und in den abendlichen Sternenhimmel zu schauen, verband einige von uns mit der Natur.

Die Reisen, die wir machten, prägten uns mit Sicherheit für unser weiteres Leben.

4. bis 6. Lebensjahr

Wieso, weshalb, warum?

Langeweile kam mit
Freund*innen nie auf.

„Darf ich mich heute verabreden?"

Mit dieser Frage begannen viele tolle Nachmittage mit Freund*innen. Nachdem
wir das Okay von unseren Eltern hatten, mussten wir nur noch anrufen, von
unseren besten Freund*innen kannte man die Nummer natürlich auswendig!
Dann hieß es meistens: „Von drei bis 6 Uhr?", und es musste noch geklärt
werden, bei wem wir uns treffen wollten.

Fußballeuphorie!

Chronik

4. Juli 2006
Bei der Fußballweltmeisterschaft in
Deutschland unterliegt die Nationalelf
im Halbfinale Italien und belegt den
dritten Platz. Italien wird Weltmeister.

2. August 2006
Wegen gesundheitlicher Probleme gibt
Fidel Castro sein Amt als Präsident nach
30 Jahren an seinen Bruder Raúl ab.

8. Dezember 2006
Die erste Wii-Konsole von Nintendo ist
erhältlich und wird fester Bestandteil im
Leben vieler von uns.

16. Januar 2007
Rudolf-August Oetker, Unternehmer in der
Nahrungsmittelindustrie, verstirbt im Alter
von 90 Jahren in Hamburg.

3. März 2007
In vielen europäischen Ländern erleben
die Menschen eine totale Mondfinsternis.

16. Juni 2007
Beginn der Weltkunstausstellung
„documenta 12" in Kassel, an der 109
Künstler*innen aus 43 verschiedenen
Ländern teilnehmen.

1. September 2007
Das Rauchverbot in Bussen, Bahnen,
Bundesbehörden und Gaststätten tritt
in Kraft.

15. September 2008
Mit der Zahlungsunfähigkeit des Finanz-
instituts Lehman Brothers beginnt eine
weltweite Finanzkrise.

4. November 2008
Barak Obama wird unter dem Wahlspruch
„Yes we can" erster schwarzer Präsident
der USA.

April bis Dezember 2009
Die Schweinegrippe bricht in Deutschland
aus, an der über 250 000 Menschen
erkranken und 250 Menschen sterben.

25. Juni 2009
Der King of Pop, Michael Jackson, stirbt
im Alter von 51 Jahren sehr unerwartet,
weltweit ist das Entsetzen groß.

Bei gutem Wetter wurden Hütten im
Wald gebaut, Geheimverstecke im
Garten gesucht, Fußball auf dem Bolzer
gespielt, die Straßen mit Kreide verziert
oder Einräder und andere Gefährte
ausprobiert.

Aber um das Wetter machten wir uns
normalerweise keine Gedanken, uns fiel
immer etwas ein. Als besonders schön
haben wir die unendlich vielen Fanta-
siewelten in Erinnerung, die wir uns
ausdachten, immer weitersponnen und
bei denen sich unser Hochbett plötzlich
in ein Schiff auf hoher See und der
Teppich in reißende Fluten verwandel-
ten. Dabei gab es vorher auch oft das
große Verkleiden, bei dem wir Kleider-
schränke unserer Eltern und Geschwister plünderten, Kronen bastelten oder
Kochlöffel zu Zauberstäben umfunktio-
nierten.

Mit dabei waren natürlich auch
immer – je nach Vorliebe – dicke
Diddl-Ordner oder eine Hosentasche

voll mit Fußball-Panini-Stickern. Stundenlang konnten wir die duftenden, mit einer Maus namens Diddl verzierten Blätter tauschen und sortieren. Besonders während einer Fußball-EM oder -WM nahm auch das Zocken bzw. „Klatschen" der Panini-Sticker riesige Ausmaße an. Dabei ging es darum, mit der Handfläche auf einen Stickerstapel zu klatschen und mit Hilfe einer Technik so viele Bildchen wie möglich umzudrehen, welche man dann gewonnen hatte. Wirklich voll wurden die vielen Sammelbücher aber fast nie.

Die Verabredungen mit Freunden zeigten uns, wie andere Familien lebten, was sie aßen, wie ihr Tag ablief und was andere Kinder zuhause durften oder eben nicht durften. Es war aufregend, bei unseren Freund*innen plötzlich so viel Süßes zu essen, wie man wollte, bei Übernachtungen länger als gewohnt aufzubleiben und beim Versteckenspielen fremde Wohnungen zu erkunden.

Auch das Abgeholtwerden war eine immer gleiche Prozedur: Sobald es klingelte, suchten wir uns panisch ein Versteck und waren erst bereit mitzukommen, wenn unsere Eltern uns fanden.

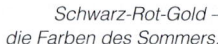
Schwarz-Rot-Gold –
die Farben des Sommers.

Ein märchenhafter Sommer …

… das war der Sommer 2006 jedenfalls für alle Fußballfans und auch die, die es erst in diesem Jahr wurden. Die Fußballweltmeisterschaft fand zum zweiten Mal (nach 1974) in Deutschland statt. Die deutsche Nationalmannschaft zählte eigentlich nicht zu den Favoriten dieser Meisterschaft, doch wider Erwarten spielte sie sich von Sieg zu Sieg und die Begeisterung in der Bevölkerung über Schweini, Poldi und Co. wuchs rasant. Das ganze

Land geriet in einen Freudentaumel, als die deutsche Nationalelf Argentinien nach Verlängerung im Elfmeterschießen aus dem Turnier kickte – dank zwei gehaltener Elfmeter durch Torwart Jens Lehmann. Gebremst wurde die Euphorie erst durch das Aus im Halbfinale gegen Italien, das am Ende den WM-Titel holte. Doch im kleinen Finale gegen Portugal machten die deutschen Spieler alles wieder wett und wurden glückliche Dritte.

Alle Kinder lernen lesen

Monatelang wurde darauf hingefiebert, bei den einen mit riesiger Vorfreude, bei anderen eher mit einem ungewissen Gefühl. Es gab so viele Vorbereitungen zu treffen, die langen Listen an Schulmaterialien mussten abgehakt werden, Kennenlerntreffen mit zukünftigen Klassenkamerad*innen besucht und vor allem ein Schulranzen gekauft werden. Alles drehte sich, zumindest in unseren Kinderköpfen, um die Einschulung.

Im Kindergarten gehörten wir selbst nun zu den Größten, die uns vor ein paar Jahren noch so erwachsen vorkamen. Manche hatten eins der neuen Kleinkinder als Patenkind und auf die Stunden mit der Vorschulgruppe hatten sich fast alle gefreut. Dort konnten wir unsere Ausmalkünste, erste Zahlen- und Buchstaben-kenntnisse und vielleicht sogar schon das ein oder andere Wort auf Englisch unter Beweis stellen.

Nachdem die aufregende Abschlussübernach-tung geschafft, doch noch ein paar Abschieds-tränen vergossen und die langen Sommerferien überwunden waren, ging es endlich los. Voll bepackt mit Ranzen und Schultüte, zogen wir mit unseren Eltern, manchmal noch gemeinsam mit den Großeltern, zu unserer Grundschule. Vom einen auf den anderen Moment waren wir plötzlich wieder die ganz Kleinen und bewunderten die Viertklässler*innen, die schon so jugendlich aussahen. In der Schulaula wurden für uns ein Theaterstück aufgeführt, Lieder gesungen, eine Rede gehalten und mit Fortschreiten der Auffüh-rung stieg auch unsere Aufregung. Plötzlich wurden erste Namen aufgerufen, Kinder liefen glücklich und beschwingt oder mit Tränen in den Augen auf die große Bühne, wurden dort persön-lich von dem/der Klassenlehrer*in begrüßt und

Stolz mit
Riesen-
Schultüte.

Großer Empfang in der Schlaula.

Und dann das lang-
ersehnte Ballonsteigen.

warteten stolz auf den Rest der Klasse. Dann hörten wir auch unseren eigenen Namen, verabschiedeten uns hastig von unseren Eltern und machten die ersten Schritte ins Schulleben. Von der Lehrkraft angeführt, liefen wir zu unserem Klassenzimmer, was nun für die nächsten vier Jahre unser täglicher Ort zum Lernen und Spielen werden sollte. Dort gab es eine Namensrunde, bei der sich alle aufgeregt umdrehten, um zu sehen, wen sie schon vom ersten Kennenlerntreffen oder aus anderen Zusammenhängen kannten. Unter all diesen neuen Gesichtern befanden sich Kinder, mit denen wir in den nächsten Jahren Freundschaften schließen, uns streiten und voneinander lernen würden. Zum Abschluss des ersten Schultages bekamen wir von unserer Lehrkraft ein Ausmalbild mit einer Schultüte. Die Aufgabe, das Bild fertigzumalen, nahmen wir begeistert an – unsere erste Hausaufgabe!

Nach zwei Stunden war der erste Schultag auch schon bewältigt und stolz stürmten wir auf den Hof, um unseren Eltern in die Arme zu fallen, alles Erlebte loszuwerden und die Schultüte zu plündern.

Money, money, money

Nachdem Geld für unsere ersten sechs Lebensjahre keine Rolle spielte und wir höchstens einen kleinen Beutel mit auf der Straße gefundenem Rostgeld besaßen, sollte auch dies einen neuen Platz in unserem Leben finden. Früher oder später bekamen wir – die einen 25 Cent, die anderen einen Euro pro Woche – unser erstes Taschengeld. Wer rechnen lernt, kann auch mit Geld umgehen oder es zumindest leichter erlernen. Also stürzten wir Woche für Woche unser Sparschwein und zählten Münze für Münze, ob Ein-Cent- oder Zwei-Euro-Stücke war egal, auf die Menge der Geldstücke kam es an! Sorgfältig zählten wir zehn Cent ab, verstauten sie in unserem Brustbeutel und kauften uns ein Kaugummi beim Automaten oder Kiosk um die Ecke – oft unser erstes selbst gekauftes Ding. Einen besonderen Hype gab es um Centershocks, weiße, viereckige Kaugummis mit einem extrasauren Kern. Die mit der goldenen Verpackung galten als die schärfsten und es wurde bei vielen regelrecht zur Sucht, ein goldenes Centershock über den Tresen geschoben zu bekommen, um auf dieses dann, ohne eine Miene zu verziehen zu beißen. Auch für Hüpfknete, Tattoos oder einen Stift mit unsichtbarer Tinte reichte irgendwann unser Geld. Hatten wir einen größeren Wunsch, wie eine extra-große Wasserpistole, eine Strickliesel oder sogar ein neues Computerspiel, mussten wir uns etwas anderes einfallen lassen. Wenn Weihnachten und Geburtstag in weiter Ferne lagen, misteten wir unsere Zimmer aus und veran-stalteten einen spontanen Flohmarkt vor unserer Haustür. Mit Proviant und Wechselgeld ausgerüstet, saßen wir stundenlang auf Decken und warteten auf Kundschaft. Wer besonders mutig war, handelte sogar. Und immerhin ein paar Euros bekamen wir so meistens zusammen. Besonders günstig war es, wenn man gerade einen vollen Pflaumen- oder Kirschbaum im Garten hatte, denn auch daraus konnte man viel Profit schlagen und sich schließlich seinen Wunsch vom selbstverdienten Geld erfüllen. Und trotzdem: Alle paar Monate kam es bei einigen von uns zur allbekannten Taschengeld-Diskussion. Wir hatten erfahren, dass unsere Freund*innen mehr bekamen, oder fühlten uns schlicht alt genug für eine Taschengelderhöhung. Selten ließen sich unsere Eltern breitschlagen, meist hieß es: „Warte mal bis zu den Sommerferien, dann reden wir noch einmal darüber." Trotzdem waren all diese Erfahrungen mit Geld enorm wichtig für uns, denn so spielerisch uns das Ganze damals noch vorkam, umso mehr merkten wir, was für einen großen Platz Geld in unserer Gesellschaft hatte.

Mit dem Taschengeld konnte man sich Süßes, Sticker oder sogar eine Vuvuzela kaufen.

Neues Umweltdenken

2007 wurde der vierte Sachstandsbericht über den Klimawandel vom Weltklimarat IPCC (Intergovernmental Panel on Climate Change) veröffentlicht. Seit 1990 erscheint alle fünf Jahre ein Bericht über das Erdklima und wie es sich unter Einfluss der Menschen entwickelt.

Der Bericht von 2007 betonte die Rolle des Menschen bei der globalen Erderwärmung durch den Klimawandel, verursacht durch zunehmende Treibhausgaskonzentration in der Erdatmosphäre und veranlasste damit ein Umdenken bezogen auf das Umweltbewusstsein. Das Thema rückte mehr in den Fokus und schon Kinder sollten früh zu umweltbewusstem Handeln und Denken erzogen werden.

Der IPCC wurde gemeinsam mit Al Gore mit dem Friedensnobelpreis 2007 ausgezeichnet.

Immer in Aktion: kopfüber, ...

Narben sammeln

Ein paar Glückliche von uns hatten sie bis heute nicht – Knochenbrüche, Platzwunden und ausgeschlagene Zähne. Viele durften diese Erfahrung jedoch spätestens im Grundschulalter machen und sammelten neben ihren bereits vorhandenen Windpockennarben etliche weitere. Es gab aber auch einfach zu viele Begegnungen, denen unsere weichen Kinderknochen nicht standhalten konnten. Nicht erwartet hatten wir, dass der Baum kurz nach einem Schauer doch so glitschige Rinde hatte, die Mutprobe, eine vereiste Rutsche im Stehen herunterzurutschen, keine so gute Idee war, oder ein Salto zu viel auf dem Trampolin mit einer unsanften Landung enden konnte. Manchmal reichte aber auch schon Balancieren auf der Bordsteinkante, von der man plötzlich abrutschte, weshalb

unter Wasser …   … und im Schnee.

der Knöchel für drei Wochen in Gips gepackt wurde. Auch ausgeschlagene Zähne vom Wettrennen auf der Treppe, Inlinerfahren oder Ausrutschen in der Badewanne gab es nicht zu knapp. Dabei war es wichtig, dass nur Milchzähne ausfielen, denn die mussten ja sowieso früher oder später weichen.

In unserer Schulklasse gab es immer jemanden mit eingegipstem Arm und Schlinge, Krücken (die natürlich dauerhaft benutzt wurden, nur nicht vom Verletzten) oder Klammerpflaster auf der Stirn. Nachdem der anfängliche Schmerz weg war, konnte man seine neusten Verletzungen schließlich auch stolz präsentieren und Unterschriften auf den blauen oder roten Gipsen sammeln.

Dennoch mussten viele aus ihren Unfällen lernen, tapfer zu sein, vielleicht sogar eine Nacht im Krankenhaus zu verbringen und mit den ungewohnten Umständen umzugehen.

Wer Glück hatte, durfte aber ein paar Tage zuhause auf dem Sofa bleiben, versorgt mit Süßem, Zeitschriften und viel mehr Fernsehgucken als normalerweise erlaubt. Wenn dies oft auch keine so schönen Abschnitte unseres Lebens waren, erinnern wir uns trotzdem noch ziemlich genau an sie und sind mit Sicherheit auch an ihnen gewachsen!

Das reisende Klassenzimmer

Eine gute Klassengemeinschaft war meistens die Voraussetzung für eine glückliche und spannende Schulzeit. Am schönsten war es natürlich, wenn es niemanden gab, der ausgeschlossen war und wenn sich jeder mit jedem unterhalten konnte. Doch um das zu erreichen, waren erst mal ein bisschen Zeit und

Aufgeschlossenheit notwendig. Solange es auch dauern mochte, sich in einer Klasse, manchmal voller fremder Gesichter, einzuleben, nach der Klassenfahrt waren die ersten Cliquen auf jeden Fall gegründet. Schon Wochen vorher begann die große Aufregung und man unterhielt sich über das Packen und schmiedete abenteuerliche Pläne.

Für viele von uns war das erste Ziel ein Bauernhof, ein Waldhaus – auf jeden Fall ein Ort mit Tieren oder von Natur umgeben. Dabei waren jede Aktion und alles, was es zu entdecken gab, aufregend, selbst wenn es sich nur um die Busfahrt handelte.

Es war ja auch für einige das erste Mal, dass sie für einen längeren Zeitraum von zuhause weg waren, und das löste bei dem ein oder anderen ein mulmiges Gefühl aus. An dem Morgen, bevor es losgehen sollte, war die Aufregung am größten und wenn man sich dann von den Eltern verabschiedete, war das für viele eine große Überwindung. Andere hingegen konnten es gar nicht abwarten, endlich nur noch unter Freunden zu sein und noch ein Stück erwachsener zu werden.

Und dann begann die Busfahrt. Wer erinnert sich nicht gerne an die Fahrten in der Schulzeit, die Wahrheit-oder-Pflicht-Spiele, das Auspacken seines Proviants und das neugierige Beobachten der vorbeiziehenden Landschaft. Eine der schwierigsten Aufgaben war das Aufteilen der Zimmer. Mit all seinen Freunden in einen Raum zu kommen, war fast immer unmöglich, doch als man dann in die kleinen, gemütlichen Räume mit bunten Gardinen und coolen Hochbetten kam, war erst mal alles andere vergessen. Die nächsten zwei Tage,

Chaos im Mädchenzimmer.

welche uns eher wie zwei Wochen vorkamen, bestanden hauptsächlich aus dem Erkunden der Umgebung und daraus, anderen Streiche zu spielen.

Vormittags wurde etwas mit der ganzen Gruppe unternommen und man war entweder reiten, wandern oder auf Besichtigungs- und Erkundungstour und nachmittags hatten wir Zeit, den Spielplatz und die tollen Spielgeräte auszunutzen. Selbst das Essen war etwas Besonderes und gemeinsam am Tisch zu sitzen und vor Lachen kaum trinken zu können, gehörte einfach mit dazu.

Doch neben all den schönen Erfahrungen gab es auch ein paar Momente, an denen wir uns nach Hause sehnten. Zum einen abends, wenn wir nicht einschlafen konnten und auch wenn wir uns mal mit Freunden in die Haare bekamen. Doch wenn wir uns hinterher die Fotos anschauten und uns später daran erinnern, wird jeder sagen, wie schön die erste Klassenfahrt doch war.

Finanzkrise 2008

Jeder hat schon einmal von ihm gehört, dem „schwarzen Montag". Angelehnt an den Schwarzen Freitag von 1929, steht der schwarze Montag für den Höhepunkt der Finanzkrise, die in den USA bereits 2007 begann: die Insolvenz (Zahlungsunfähigkeit) der Bank „Lehman Brothers" am Montag, dem 15. September 2008.

Begonnen hatte die Krise mit dem Platzen der Immobilienblase in den Vereinigten Staaten. Vorher waren viel zu viele Kredite für die Hausfinanzierung leichtfertig verteilt worden. Nun führten die ganzen unbezahlbaren Kredite zu einer Immobilienkrise, welche sich durch Einmischen und Wirken der Banken zu einer Finanzkrise entwickelte. Nach der Pleite von Lehman Brothers wurden Verluste und Insolvenzen der großen Finanzdienstleister (z. B. Commerzbank, UBS) durch staatliche Kapitalerhöhungen abgewendet. Andere Banken wurden verstaatlicht oder geschlossen. Die Staatsverschuldung einiger Länder stieg an. Die internationale Finanzkrise übertrug sich auch auf die Realwirtschaft und löste schließlich die Eurokrise aus, die insbesondere Griechenland traf.

Ob Stiefel, Schlaghosen oder die Farbe Pink: Modisch musste es sein.

Kleine Styler

Wenn wir heute an unsere Kindheit zurückdenken, ist es auf jeden Fall ein Mysterium, wie sich unser Geschmack fast vom einen auf den anderen Tag verändert hatte.

Gestern wollten wir noch einen rosa glitzernden Prinzessinnen-Pullover haben und am nächsten Tag musste es auf einmal einer in Blau oder Grün sein. So war es jedenfalls bei vielen der Mädchen unter uns. Doch eine Geschmacks-veränderung fand bei jedem statt. Nicht nur, dass die T-Shirts mit den Auf-drucken von früher einfach out waren, man wollte zum ersten Mal so richtig mitreden, wenn es um den eigenen Style ging. Schnell gab es Lieblingsstücke, welche jeden Tag getragen wurden und wenn sie doch mal in der schmutzigen Wäsche waren, war man total aufgeschmissen. Natürlich gab es viele Sachen, welche dem kritischen Blick des Schulkindes standhielten und weiter bestehen durften, doch es sollten auch viele neue her. Auf jeden Fall war das meiste, was wir nicht hatten, aus unserer Sicht sehr begehrenswert. Zum Beispiel das coole blaue Shirt mit dem SpongeBob-Gesicht, die gestreiften Stulpen oder die geblümte Jacke. Bei so manchem gaben unsere Eltern nach, doch vieles blieb nur ein Wunsch. Wenn man Klassenfotos unserer Generation mit denen unserer Eltern oder sogar Großeltern vergleicht, waren wir eine ziemlich bunte Mischung, was die Anziehsachen anging. Es gab nicht wirklich einen einheitlichen Stil und auch die Frisuren haben sich von den Pagenschnitten in viele verschiedene Richtungen entwickelt.

Unsere Eltern tobten sich gerne an unseren Haaren aus, auch wenn wir sie eigentlich naturbelassen und verstrubbelt am liebsten mochten. Ein paar Spezialeffekte gab es, welche wir jedoch unheimlich toll fanden, wie zum Beispiel rote Strähnchen oder eine coole Gel-Frisur.

Auf jeden Fall ist es immer wieder lustig, wenn man sich an seinen damaligen Geschmack erinnert und sieht, wie er sich verändert hat.

Little Amadeus

Wahrscheinlich waren wir nicht alle so begabt wie der kleine Junge aus der Kika-Serie, als wir das erste Mal Bekanntschaft mit einem Musikinstrument machten. Manchmal aus eigenem Antrieb, oft aber von unseren Eltern gefördert, begannen wir unsere Musikkarriere, welche bei einigen mit der Zeit wieder

verblasste, bei anderen jedoch zu einer großen Leidenschaft wurde. Ganz egal ob Flöte, Klavier, Geige oder auch Schlagzeug, nach dem Überwinden der ersten Herausforderung machte uns das Erzeugen der Töne den größten Spaß. Besonders schön war es, den Fortschritt mitzuerleben und jede Woche ein neues Lied zu lernen.

Den Musiklehrer*innen musste es auch Freude bereitet haben, die kleinen Gesichter leuchten zu sehen, wenn ein Lied endlich

Wir waren Musiktalente, …

33

abgeschlossen werden konnte und ganz allein und voller Stolz vorgespielt wurde. Und nach einigem Üben und wenn man fast sicher war, keinen Fehler mehr zu machen, gab es auch größere Vorführungen. Am schönsten war es an Weihnachten oder bei einem Sommerfest, wenn die Familien der jungen Künstler*innen kamen, um sie zu bewundern. Danach, bei einem Kinderpunsch oder einer Waffel, konnte man dann berichten und vielleicht auch ein bisschen angeben, obwohl einem insgeheim ein Riesenstein vom Herzen fiel. So ging es mit Sicherheit allen nach den ersten Auftritten, die natürlich nicht immer etwas mit Musik zu tun hatten.

So wie manche ihre Musiklaufbahn starteten, begannen die anderen ihre sportliche oder kreative Leidenschaft. Viele von uns gingen zum Beispiel zum Turnen, spielten Fußball oder lernten eine Kampfsportart. Für die, die sich nicht so sehr von Sport beeindrucken ließen, gab es aber auch eine Lösung. Sie konnten an Handwerk-AGs teilnehmen oder sich bei einem Bastelkurs anmelden. Wie bei den Musikstunden gab es nach dem langen Üben den großen Moment. Und was wären der Unterricht und das Training ohne die schönen Tanzauftritte, die Turniere und die Ausstellungen der Kunstwerke gewesen? Es gab also unendlich viel zu tun und zu lernen – kein Wunder, dass es so viele verschiedene Talente unter uns gibt.

Und täglich grüßt das Schulquartier

Wenn man heute ein altes Klassenfoto aus der Grundschulzeit in die Hand nimmt, kommt man nicht drum herum, darüber zu schmunzeln, wie klein wir alle waren.

Wie wir da standen, mit unseren Freund*innen und in die Kamera grinsten. Eigentlich unvorstellbar, dass wir damals schon einen festen Schulalltag hatten, jedenfalls wenn wir das mit unseren jüngsten Erinnerungen an die Schule vergleichen. Und doch war es so. Wir hatten auf einmal einen geregelten Tagesablauf und das zum ersten Mal in unserem Leben, der Kindergarten war schließlich keine Pflicht gewesen.

Am Anfang war das ganz schön aufregend. Da gab es plötzlich Erwachsene, die man mit dem Nachnamen ansprechen musste, verschiedene Fächer und dazwischen Pausen. Es gab eigene Klassenräume und man musste den ganzen Tag auf einem Stuhl sitzen. Und obwohl wir es vorher einfacher hatten, fanden wir diese ganzen neuen Herausforderungen unheimlich spannend. In der ersten Klasse war noch fast alles zu bewältigen. Der Unterricht bestand oft aus malen, schneiden, erzählen und abschreiben. Wir bekamen Hilfe, wann immer wir sie brauchten, und zum Glück gab es witzige Schreib- und Lesehilfen, mit denen wir Spaß am Lernen hatten.

Der Sitzkreis war auch eine sehr beliebte Form, den Unterricht zu gestalten. In diesen Punkten ähnelten sich die meisten Fächer, nur Mathe war schon gleich ein bisschen anders. Was die einen schnell für sich entdeckten, sollte den anderen noch lange Probleme bereiten, doch in den Pausen gab es ein wenig Erholung.

Ein typischer Schulhof bot fast immer ein Klettergerüst, einen kleinen Fußballplatz und auch die Tischtennisplatten durften nicht fehlen. Manchmal gab es sogar besondere Spielgeräte, die dann herausgeschoben wurden und auf die wir uns voller Begeisterung stürzten. Der absolute Renner waren Gokarts, Stelzen und Hüpftiere. Damit waren wir eigentlich schon genug beschäftigt, aber ein Springseil oder ein cooles Gummitwist durfte trotzdem nicht fehlen. Wir dachten uns verrückte Spiele, komplizierte Choreographien und alle möglichen Tricks aus, mit denen wir uns unsere Pausen versüßten. Aber auch ohne die ganzen Geräte wäre uns niemals langweilig gewesen. Dafür gab es einfach zu viel, was man auf einem Schulhof so anstellen konnte.

Wir hatten uns dank dieser tollen Momente mit unseren Freund*innen schnell in den Schulalltag eingelebt und waren, manche mehr als andere, gut auf unseren weiteren Schulweg vorbereitet.

Irgendwo zwischen Kind und Teenie

Schon wieder die Kleinen

Gerade hatten wir noch das Privileg als Älteste der Grundschule genossen, als diese vier Jahre auch schon wieder vorbei waren. Bereits Monate vorher begann der Schulwechsel ein riesiges Thema zu werden. Oft schien es, als wären unsere Eltern aufgeregter als wir. Von einem Tag der offenen Tür zum nächsten wurden wir geschleppt, dabei hatten wir noch nicht einmal genau verstanden, was es mit Begriffen wie Gymnasium, Haupt-, Real- oder Gesamtschule überhaupt auf sich hatte. Wer ältere Geschwister hatte, war klar im Vorteil und hat häufig in dieselbe Schule gewechselt oder wusste zumindest schon, was ihn erwartete.

Eine leichte Entscheidung war die Schulauswahl auf jeden Fall nicht, schließlich musste man so vieles bedenken. Wo gehen meine Freund*innen hin?

Chronik

12. Januar 2010
Bei einem Erdbeben in Haiti kommen
ca. 316 000 Menschen ums Leben.

17. April 2010
Nach dem Ausbruch des isländischen
Vulkans Eyjafjallajökull wird der europäische
Flugverkehr aufgrund der Vulkanasche
eingestellt.

20. April 2010
Durch die Explosion bei der Ölstation
„Deepwater Horizon" kommt es zu einer
schrecklichen Ölkatastrophe im Golf
von Mexico.

5. August 2010
Bei dem Grubenunglück in San José sind
33 Arbeiter für 69 Tage untertage eingesperrt.

März 2011
Ausgelöst durch ein Seebeben werden
große Teile des Atomkraftwerks in
Fukushima zerstört.

2. Mai 2011
Al-Qaida-Anführer Osama bin Laden wird
von US-Soldaten getötet.

20. Oktober 2011
Muammar al-Gaddafi kommt im Bürgerkrieg
in Libyen ums Leben.

18. März 2012
Joachim Gauck wird zum neuen Bundes-
präsidenten von Deutschland gewählt.

25. Juli bis 12. August 2012
Die XXX. Olympischen Spiele finden in
London statt.

6. August 2012
Der Marsroboter „Curiosity" landet und
beginnt seine Mission auf dem Mars.

22. bis 29. Oktober 2012
Der Hurrikan Sandy über der Karibik tötet
253 Menschen.

28. Februar 2013
Benedikt XVI. tritt von seinem Amt als
Papst zurück, auf ihn folgt der Argentinier
Papst Franziskus.

Sommer 2013
Edward Snowden enthüllt den
Überwachungsskandal von PRISM.

Aus Klein wird Groß.

Wie weit ist die Schule entfernt? Passt
die Schulform zu mir? Was empfehlen
meine Lehrer*innen?

Als zu Ende abgewägt, verglichen
und ausgetauscht war, waren wir ganz
schön erleichtert, wenn auch aufgeregt,
dass es nun bald wirklich zur neuen
Schule ging!

Die Wochen vor den Sommerferien
verbrachten wir mit Ausflügen, einer
letzten Klassenfahrt oder einer gemeinsamen Übernachtung in der Schule.

Da blieb nicht viel Zeit für Abschiedsschmerz, der viele von uns erst am letzten Tag erwischte, als wir uns von unserer inzwischen so vertrauten Grundschulklasse trennen mussten.

Dann wurden aufregende sechs Wochen Sommerferien verbracht, in denen wir unsere Scout-Schulranzen, die inzwischen wirklich zu klein an uns aussahen, gegen einen Eastpack-, 4You-Rucksack oder Ähnliche austauschten. Manche übten auch schon den neuen Schulweg, der von nun an oft mit Fahrrad, Bus oder Bahn bewältigt werden musste.

Auch diese Sommerferien gingen zu Ende und schon standen wir in der großen Aula unserer neuen Schule auf der Bühne und begrüßten unsere*n neue*n Klassenlehrer*in. Beäugt von Jugendlichen, die doppelt so groß wie wir schienen, folgten wir unserer Klassen durch ein Labyrinth aus Gängen, Treppen und Räumen, die uns schon in einigen Wochen vertraut werden sollten. So begann das Abenteuer an der Schule, an der die meisten sechs bis acht Jahre verbringen würden, an der wir als Kind eingeschult wurden und als beinahe Erwachsene*r verabschiedet würden.

Schulalltag will gelernt sein

Mit dem Beginn der neuen Schule hatten wir nicht nur mit dem unbekannten Gebäude und neuen Mitschüler*innen zu kämpfen, sondern mussten uns auf einen komplett neuen Alltag einstellen. Zunächst tauchten auf unserem neuen Stundenplan uns unbekannte Fächer auf wie Geschichte, Erdkunde oder Physik. Manche mussten auch schon entscheiden, ob und wenn ja, welche zweite Fremdsprache sie lernen wollten – Englisch hatten wir ja meist schon in

Jetzt mussten wir in der Schule Präsentationen mit Projektor machen.

Die neue Klassen-gemeinschaft

der Grundschule. Und dann ging es bei vielen los mit Französisch, Spanisch oder Latein. Andere entschieden sich für praktische Wahlfächer, lernten Gärtnern, Kochen, Handwerken oder Theaterspielen und die dazugehörige Portion Theorie. Schnell wurde uns bewusst, dass man sich ganz schön gut strukturieren musste, um nicht in totalen Stress zu verfallen.

Nachdem es in der Grundschule überwiegend sehr harmonisch zugegangen war, kamen erste Reibereien mit Mitschüler*innen und Lehrer*innen auf. Diese waren jedoch auch wichtig, um zu lernen, seine eigene Meinung zu vertreten, Streits zu klären und sich nicht alles gefallen zu lassen.

Für manche wurde die Schülervertretung (SV) ein wichtiges Thema. Sie wurden als Klassensprecher*in gewählt oder engagierten sich einfach so bei der SV. Von den Größeren lernten wir, Schulfeste zu organisieren, Projekte zu starten, für neue Schulausstattung zu kämpfen und die Klassengemeinschaft zu unterstützen.

Die ersten Wochen und Monate an der neuen Schule waren auf jeden Fall ein stetiges Hin und Her aus Euphorie über die ganzen neuen Angebote und aus großer Anstrengung, den neuen Alltag zu bewältigen. Bei diesen Umstellungen wunderten sich unsere Eltern nicht, wenn wir in den ersten Wochen nach der Schule schlafend auf dem Sofa lagen.

Im Lena-Meyer-Landrut-Fieber

2010 gewann der Eurovision Song Contest erstmals unsere Aufmerksamkeit. Nachdem die 18-jährige Lena Meyer-Landrut neben ihrer lustigen und frischen Art durch ihren Hit „Satellite" bereits beim Vorentscheid „Unser Star für Oslo", moderiert von Stefan Raab, auffiel, zog sie schließlich für Deutschland in den europäischen Wettbewerb in Oslo ein.

Dort konnte sie ein weiteres Mal überzeugen und gewann am 29. Mai 2010, ohne fette Show, sondern viel mehr dank ihres gelungenen und authentischen Gesamtpakets, den ersten Platz für Deutschland. In den nächsten Wochen und Monaten lief Lenas „Satellite" in Radios, Fernsehern und unseren Kopfhörern auf Hochtouren.

Kleinere und größere Katastrophen

Nach den ersten Jahren an der weiterführenden Schule staunten wir bei Grundschulklassentreffen nicht schlecht, wie einige sich in so kurzer Zeit verändert hatten. Manche waren noch total vertraut, andere kaum wiederzuerkennen, da sie in die Höhe geschossen waren, eine neue Frisur trugen oder einen ganz neuen Style mochten. Unsere Eltern nannten diese Entwicklung Pubertät, damit konnten wir nicht so viel anfangen, wir waren zu sehr mit uns beschäftigt. Ob wir wollten oder nicht, fingen viele um uns herum an, sich zu vergleichen und Cliquen zu gründen. Das löste teilweise Unsicherheit aus, oder auch Lust, sich in verschiedenen Richtungen auszuprobieren. Es gab katastrophale Schminkversuche, neue Haarschnitte und Klamotten, aber auch Verweigerung all dessen. Zahnspangen und Brillen, die früher als cooles

Accessoire der Älteren galten, wurden schnell verwünscht, da half es auch nicht, dass wir nun von Jüngeren um unsere silbernen Drähte und bunten Gummis im Mund beneidet wurden.

Auf das Thema Sexualkunde in der sechsten Klasse hatten die meisten betont „gar keinen Bock", fanden es aber insgeheim sehr spannend, schließlich war es für uns ganz aktuell. Vorträgen von Profamilia konnte zwar nicht ohne Lachanfälle zugehört werden, aber bei all den neuen Wörtern war das auch kein Wunder.

Zum Wichteln in der Weihnachtszeit waren Sprühdeos das Standardgeschenk, welche im Sportunterricht jedes Mal aufs Neue Hustenanfälle, Lüftungsprobleme, Ärger mit Lehrer*innen und auch den Feueralarm auslösten. Pickel, Streits und Schulstress gerieten das ein oder andere Mal außer Kontrolle, bereiteten uns aber auch auf die kommende Zeit vor.

Wenn wir uns heute Fotos von vor ein paar Jahren angucken, schütteln wir teilweise nur den Kopf oder lachen im besten Fall über unser altes Ich, aber damals fühlten wir uns ziemlich überfordert in dieser Phase zwischen Kind und Teenie.

Nein, hier läuft nichts schief!

Kicher, kicher!

Schweini vor, noch ein Tor!

Nachdem wir unseren Bekanntenkreis vergrößert und viele neue Leute kennengelernt hatten, wurden wir immer offener. Nun wussten wir auch über Sachen, die außerhalb unseres gewohnten Lebensraums stattfanden, Bescheid und der Klatsch und Tratsch aus der Parallelklasse reichte nicht mehr aus. Wir begannen, uns für bis dahin komplett unwichtige Dinge zu interessieren und wollten immer auf dem neuesten Stand sein. Besonders die Stars unserer Lieblingsfilme wie Daniel Radcliffe oder Johnny Depp, besser bekannt als Harry Potter und Captain Jack Sparrow, bildeten den Hauptteil unserer Gespräche. Sie teilten sich diesen Platz jedoch mit Fußballern, Sängern und vielen, die einfach nur durch eine Fernsehshow bekannt wurden. Wenn man über einen Schulhof ging, hörte man von der einen Ecke: „Schweini vor, noch ein Tor" und gleichzeitig von der anderen das neue Lied von Lady Gaga. Als Krönung wurde man am Ende noch gefragt, für wen man bei DSDS war und ob man die letzte Folge GNTM geguckt hatte. Man brauchte also schon ein bisschen Ahnung auf diesem Gebiet. Aber umso lustiger war es, sich gemeinsam mit seinen Freunden kaputtzulachen und Wetten über den nächsten Skandal abzuschließen. Doch obwohl wir uns viel lustig machten, steckte in den meisten von uns auch ein kleiner oder sogar großer Fan. Bei vielen schmückte so manches Plakat die Wand und auch an unserer Kleidung konnten wir teilweise als Hannah-Montana- oder Justin-Bieber-Fan erkannt werden.

Klipp, klapp

Klipp, klapp machten die meisten ersten Handys, die wir besaßen. Auch wenn man bei einem Klapphandy gefühlt immer einen ganzen Hörer am Ohr hatte, waren die ersten Handys supercool. Viele bekamen direkt bei der neuen Einschulung eins und die anderen, nachdem sie ihren Eltern erklärt hatten,

wie viel sicherer es mit so einem Handy
doch war. Auf jeden Fall war es ein
tolles Gefühl, dass unser altes Fake-
Plastikhandy endlich von einem echten,
funktionierenden abgelöst wurde, auch
wenn es nicht unbedingt unser erstes
technisches Gerät war. Die Gameboys
oder vielmehr Nintendos waren bei
uns schon früher eingezogen. Darauf
wurden dann, genau wie früher und
auch heute noch, rasante Rennen mit

Zwar nicht das erste Handy,
aber das erste Selfie.

Mario und Luigi veranstaltet oder ein Level nach dem anderen beendet.

Etwas ruhiger ging es bei den Spielen zu, in denen man sich um Hunde-
babys kümmern musste oder sich seine eigene Welt gestalten konnte. Und
diejenigen, die keinen Nintendo besaßen, konnten jetzt wie wild Snake oder
Sudoku auf ihrem Handy zocken. Diese Funktion hatten nämlich fast alle.

In dieser Zeit gewann die Technik also mehr und mehr an Bedeutung und wir
wurden immer vertrauter mit ihr. Entweder durch den MP3-Player, der für die
lange Autofahrt gekauft wurde, oder mit der langersehnten Wii-Konsole, wir
hatten eine Menge Spaß. Zudem wurde es durch das große Angebot an
Videospielen auch nie langweilig und wir hatten auf einmal die Möglichkeit,
vieles auszuprobieren. Zum Beispiel wie es wäre, mit den großen Fußball-
stars im Stadion zu spielen – wie bei Fifa – oder beim Karaoke im Singen
gegen unsere Freunde
anzutreten.

Kein Wunder, dass
sich einige gar nicht
mehr von der Technik
trennen wollten, ohne
dass sie überhaupt
wussten, was noch auf
sie zukommen sollte.

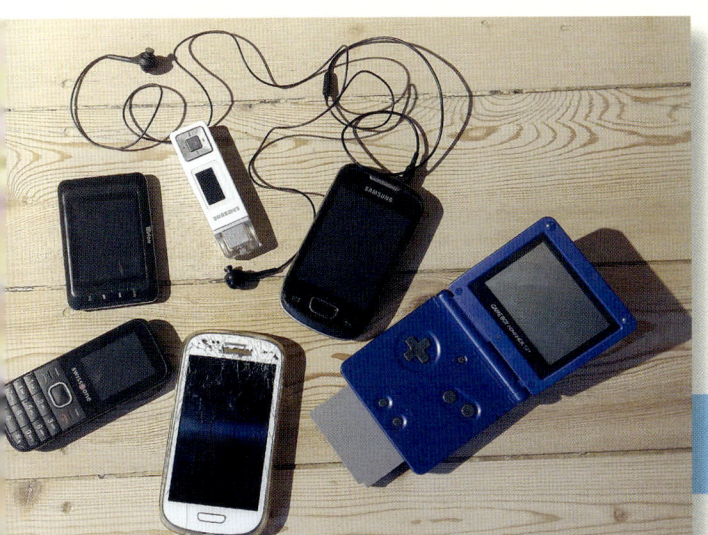

Vom Handy über MP3 und
iPod zum ersten Smartphone.

Alles beim Alten

Neben den unzähligen Veränderungen war es auch wichtig, ein paar Sachen so zu lassen, wie sie früher waren. Und das waren mehr als wir dachten.

Nach einer gewissen Zeit merkten viele, dass es ganz schön anstrengend sein konnte, sich weiterzuentwickeln und größer zu werden. Es gab so viel, was auf einen einwirkte und wo man mitmachte, dass es manchmal einfach schön war, so zu tun, als wäre man noch gar nicht „so groß".

Da wurden dann manchmal die alten Barbies ausgepackt, alte Rennautos mobilisiert und zur Entspannung schön langweilige Kinderserien geguckt. Schließlich war damals ja alles so friedlich, warum sollte man sich davon trennen?

Auch beschränkte sich die neu gewonnene Selbstständigkeit meist nur auf Situationen, in denen wir etwas mit Freunden unternahmen. Zuhause konnten wir ja trotzdem noch auf die Hilfe unserer Eltern zählen und einfach weiter Kind sein. Es heißt ja nicht ohne Grund: „Erwachsen ist man lang genug."

Es ging auch noch analog.

Nuklearkatastrophe von Fukushima

Vier von sechs Reaktorblöcken wurden am 11. März 2011 im Atomkraftwerk Fukushima zerstört, sodass riesige Mengen an radioaktivem Material austraten. Ursache dafür waren ein Erdbeben und der dadurch ausgelöste Tsunami, der die Region Tohoku in Japan überflutete. 170 000 Menschen wurden evakuiert,

hunderttausende von Tieren verendeten, Krebserkrankungen bei Einwohnern in betroffenen Gebieten häuften sich, wobei Todeszahlen unklar blieben. Die Katastrophe löste in vielen Ländern Diskussionen zur Kernkraftenergie aus, Deutschland setzte sich das Ziel, bis 2022 gänzlich aus der Atomenergie auszusteigen.

Update für unterwegs

Sich draußen mit Freunden zu treffen stand bei vielen nach wie vor ganz oben auf der Liste und da sich unsere Entdeckungslust nicht nur auf Menschen und Orte beschränkte, lernten wir auch viele neue Sport- und Spielgeräte für draußen kennen. Man rief kurz bei einer*m Freund*in an und ab ging die Post. Entweder man schnappte sich sein brandneues Waveboard und schlängelte sich um die vier Ecken oder man übte im nächsten Park ein paar coole Tricks mit einem Diabolo.

Der Markt an Möglichkeiten schien jedenfalls endlos zu sein und so konnte es schon mal passieren, dass wir Einräder, Skateboards und Cityroller ausprobieren mussten, um entweder bei einem zu bleiben oder uns von einem neuen beeindrucken zu lassen. Oft endete das damit, dass die Garage oder der Keller so voll geworden war, dass ein Teil wieder verkauft oder verschenkt werden musste. So kam es auch manchmal dazu, dass man ein gebrauchtes Gerät von Freunden hatte, was aber für genauso viel Spaß sorgte.

Nur eine kleine Auswahl unserer Sport- und Spielgeräte.

Auf in
neue Gefilde

Religion, Meditation
oder Spiritualität
– alles eine Sache
des Glaubens.

Tiefe Gedanken

Ein Bereich größtenteils fernab von Schule, Reisen und Social Media war
unser Glaube oder auch unser Nichtglaube. Es wurden Konfirmationen,
Bar Mitzwas/Bat Mitzwas und Kommunionen gefeiert. Viele wuchsen durch ihre
Familie in eine bestimmte Religion hinein und konnten mit ca. 14 Jahren noch

Chronik

8. März/17. Juli 2014
Ein Flugzeug der Malaysia Airlines mit 239 Insassen verschwindet über dem Indischen Ozean. Ein weiteres Flugzeug des Unternehmens wird mit 298 Insassen im Grenzgebiet der Ukraine abgeschossen.

13. Juli 2014
Deutschland gewinnt die Fußball-weltmeisterschaft in Brasilien.

7. Januar 2015
Bei einem islamistischen Terroranschlag auf die Redaktion des Satire-Magazins „Charlie Hebdo" sterben zwölf Menschen.

25. April 2015
Durch starke Erdbeben sterben in Nepal über 8600 Menschen, Häuser und Tempel sind zerstört.

22. März 2016
Durch einen Terroranschlag des IS in Brüssel sterben 30 Menschen, 300 weitere werden verletzt.

31. März 2016
Nachdem der Satiriker Jan Böhmermann den türkischen Präsidenten Erdogan durch ein Schmähgedicht kritisiert hatte, startet Erdogan ein Verfahren gegen Böhmermann.

14. Juli 2016
Der Nationalfeiertag in Frankreich wird durch einen Terroranschlag in Nizza zum Trauertag. Ein Lkw rast in eine Menschenmenge, 84 Menschen sterben.

8. November 2016
Der umstrittene Republikaner Donald Trump gewinnt knapp die Präsidentschaftswahl in den USA gegen Hillary Clinton.

12. Februar 2017
Frank-Walter Steinmeier wird neuer Bundespräsident Deutschlands.

30. Juni 2017
Die „Ehe für alle" wird in Deutschland eingeführt.

7./8. Juli 2017
Beim G20-Gipfel in Hamburg kommt es zu heftigen Auseinandersetzungen zwischen Demonstranten und der Polizei.

24. September 2017
Nach der Bundestagswahl zieht die rechtspopulistische AfD mit 12,6 % in den Bundestag ein.

einmal selbst bestätigen, dass sie weiterhin dieser angehören wollten, oder sie auch ablehnen, wenn sie nichts damit am Hut hatten.

Diesen Feiern ging rund ein Jahr Unterricht voraus, in dem wir uns gemeinsam religiösen Fragen stellten und, wenn wir Glück hatten, eine dreitägige Fahrt unternahmen, um uns noch besser auf den offiziellen Eintritt in die Glaubensgemeinschaft vorzubereiten. Ohne dass dies in einem Aufnahmeritual endete, gingen einige auch in die Islamschule, zum Beispiel, um den Koran lesen zu lernen. Besonders in diesem Lebensabschnitt war das Thema Glaube also bei vielen in den Alltag eingebunden, ob durch regelmäßigen Unterricht oder einfach unabhängig von einer bestimmten Religion. Denn natürlich gab es auch einige, die sich zwar nicht entschieden, einer Religion beizutreten, aber trotzdem einen persönlichen Glauben hatten, sich tiefe Gedanken dazu machten und beispielsweise eine Jugendweihe feierten.

Andere kamen bei Yoga und Meditation mit spirituellen Bräuchen in Berührung. Diese Bewegung aus dem Hinduismus wurde nämlich sehr populär und für manche ein wichtiger Ausgleichsort neben dem sonst so schnelllebigen Alltag.

Toleranz für alle Glaubensrichtungen war ein Thema, das viel diskutiert und von unserer Generation oft auch schon selbstverständlich gelebt wurde.

'Cause music is my best friend

Für viele spielt sie eine ganz große Rolle, die Musik, die uns im Alltag begleitet oder uns aus dem Alltag rettet. Wie in jeder Zeit hatten auch wir eine große Bandbreite an Musikrichtungen, zwischen denen wir uns entscheiden konnten. Manche allerdings brauchten sich gar nicht zu entscheiden, sondern hörten einfach alles. Die Charts, oft ganz von Elektropop-Liedern eingenommen, spielen natürlich eine große Rolle, wenn man den Musikgeschmack unserer

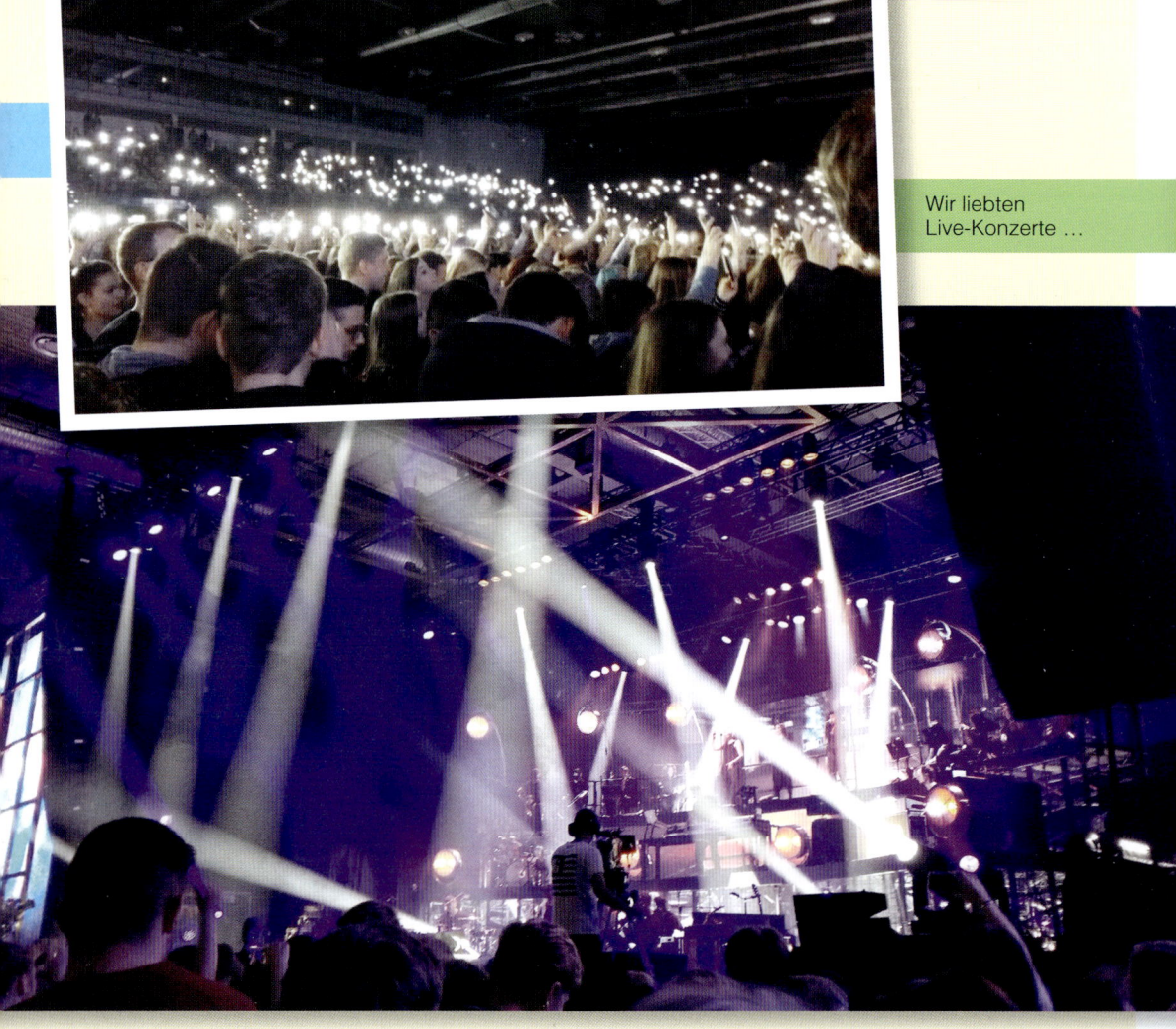

Wir liebten
Live-Konzerte …

… und Festivals.

Generation beschreibt. Sänger wie Justin Biebcr, Rihanna, The Weeknd und Adele sorgten viel für Nachschub und Bands wie Imagine Dragons, Coldplay und auch Twenty-one Pilots waren fast immer im Radio zu hören.

Das bedeutete natürlich nicht, dass jeder diese Art von Liedern mochte. Genauso gab es die Heavy-Metal-, Hip-Hop- und Indie-Pop-Fans. Eine Richtung, die sich stark ausprägte, war die deutsche Musik. Zum einen deutscher Pop, zum Beispiel von Andreas Bourani, Revolverheld und noch vielen anderen, aber auch Deutsch-Rap gab es viel. Wie alles war das nicht jedermanns Sache und die Gegenentwicklung fokussierte sich mehr auf Oldies und Gitarrenmusik. Der große Nachteil an Oldies war, dass man die Lieder nicht mehr live auf einer Bühne miterleben konnte, was wir sehr liebten. Bei einem Konzert oder auf Festivals konnten alle zusammen die Musik feiern und Neues entdecken. Ein paar der bekanntesten Festivals waren zum Beispiel das Splash, wo viel Hip-Hop gespielt wurde, das Hurricane und auch Wacken, das riesige Metal-Festival. Meist besuchten wir aber Festivals in unserer Region, bei denen bekannte und auch weniger bekannte Bands auftraten.

Und ob wir uns durch unsere Freunde oder Familie inspirieren ließen oder ob wir uns selbst einen Musikgeschmack „zusammenhörten", oft war dieser eng mit unserer Lebenseinstellung verknüpft.

15. bis 18. Lebensjahr

Malala Yousafzai

Als jüngste Nobelpreis- sowie Friedensnobelpreisträgerin der Geschichte erhielt die 17-jährige Malala Yousafzai am 10. Oktober 2014 gemeinsam mit dem Kinderrechts- und Bildungsaktivisten Kailash Satarthi den Friedensnobelpreis. Seit 2011 setzte sie sich für die Bildung und Gleichberechtigung pakistanischer Mädchen ein, welchen zuvor viele Rechte genommen wurden. Malala erzählte von den Umständen, unter denen die Mädchen in Pakistan leben mussten und hielt später sogar in den USA Reden über ihre Vorstellung der Zukunft.

Morgenstund' hat Gold im Mund …

… und Blei im Hintern, was wir alle zunehmend zu spüren bekamen.

Die Schule wurde anstrengender und ab und zu mussten wir schon zur nullten Stunde anwesend sein, wobei fast alle gähnend und noch im Halbschlaf auf ihren Stühlen hingen.

Das Wochenende war eine ganz andere Welt. In unserer Teenie-Phase mutierten einige von uns zu echten Faultieren und wir konnten bis mittags im Bett bleiben. Das traf natürlich nicht auf alle zu. Viele behielten ihren Tatendrang oder entwickelten ihren ganz eigenen Rhythmus.

Der faule Teil in uns freute sich jedenfalls, am Sonntagmorgen, inklusive der Bettdecke nochmal schön auf das Sofa zu kriechen und den Fernseher einzuschalten. Ob es das war oder ob man ein Buch las oder Musik hörte, faulenzen musste jeder früher oder später mal.

Trotzdem waren wir noch nicht bereit, in den Tag zu starten. Es fehlte noch das ausgiebige Styling-Programm, welches für viele, egal ob männlich oder weiblich, unentbehrlich war.

Wie in einigen Youtube-Videos zu sehen ist, ging es erst einmal um die Gesichtsgrundierung und sozusagen um das Kaschieren aller Makel. Ob nun ein schöner Lippenstift oder Augen-Make-up dazukam, war Sache des jeweiligen Kreierers. Bei den Jungs ging es hauptsächlich um die Frisur und das perfekte Haarstyling. Andere nahmen sich diese Zeit lieber für ein paar Extraminuten im Bett und begnügten sich mit einem kurzen Blick in den Spiegel, doch irgendwann zu späterer Stunde waren wir dann bereit für den restlichen Tag.

Der Führerschein eröffnete uns neue Möglichkeiten.

Sorry, hab' keine Zeit

Diesen Spruch mussten sich Freunde und Familie immer häufiger anhören. Egal ob in der Schulzeit oder auch am Wochenende, wir waren sehr oft ausgebucht.

Der Hauptgrund war natürlich die Schule, welche immer anspruchsvoller wurde und immer mehr von uns verlangte. Oft saßen wir mehrere Nachmittage an einem Referat und mussten noch zusätzlich Hausaufgaben machen. Es war ohnehin schon schwer genug, den Ausgleich zwischen Denken und mentaler Entspannung zu finden, so konnte auch nur eine kleine Abweichung für Stress

Wandertage und Klassenfahrten – eine
willkommene Abwechslung zum Schulalltag.

sorgen. Was sollte man denn machen, wenn sich die Freunde im Park trafen,
aber noch ein Berg Hausaufgaben auf dem Schreibtisch lag? In vielen Fällen
konnten die Hausaufgaben warten, doch manchmal musste man sich eben
zusammenreißen und dransetzen. Während die einen sich bemühten, am Ball
zu bleiben, um einen guten Schulabschluss zu schaffen, hatten andere schon
Pläne für die Zeit nach der Schule und wiederum andere ließen einfach mal
alles auf sich zukommen, ohne sich den größten Stress zu machen. Man ist ja
schließlich nur einmal jung. Genau deshalb mussten die Nachmittage auch
noch für anderes als die Schule herhalten. Verabredungen wurden immer
dazwischengequetscht, auch wenn der Nachmittag eigentlich schon durch
Sport, Musik oder andere Hobbys voll war. Bei vielen kam nun auch noch eine
zusätzliche Belastung hinzu: der Führerschein! Die Möglichkeit, schon mit
16½ zur Fahrschule zur gehen, um dann mit 17 die Prüfung zu machen, wurde
sehr gerne genutzt. Und sobald an einer Schule erst einmal die Führerschein-
welle begonnen hatte, schloss sich fast jeder an.

   Also hatte man jetzt ein- oder mehrmals in der Woche noch einen Termin und
zusätzlich natürlich den Stress des Lernens für die Theorie. Die gefürchtete
Prüfung stellte sich bei manchen als gar nicht so schlimm heraus, während bei
anderen ein kleiner Albtraum begann. Doch irgendwann hielten wir das gute
Stück in den Händen und ein Riesenstein fiel uns vom Herzen.

Wie man sieht, hatten wir unter der Woche alle Hände voll zu tun. Doch auch am Wochenende war nicht komplette Entspannung angesagt. Zwar gab es oft ein cooles, aber eben trotzdem ein volles Programm. Klar, dass man nicht immer alle Freunde unter einen Hut bekam und mit der Familie wollte oder sollte man ja auch noch manchmal etwas machen. Außerdem war der Sonntagnachmittag oft reserviert, um zu lernen oder die bis auf den letzten Drücker aufgeschobenen Hausaufgaben zu erledigen. Diese durchaus stressige Zeit hinterließ bei jedem einen anderen Eindruck. Auf jeden Fall war sie die letzte Phase, bevor wir ein neues Kapitel in unserem Leben begannen und uns von der Schule trennten.

Der Abend aller Möglichkeiten

Die Abende voller Möglichkeiten waren uns die liebsten. Der Trubel des Tages legte sich langsam und wir hatten Zeit für die wirklich wichtigen Dinge. Voraussetzung für einen perfekten Abend waren gute Freund*innen, die richtigen Getränke, passende Musik oder auch einfach nur ein gemütlicher Ort, um Filme zu gucken. Wenn es kein gemütlicher Koch- oder Filmabend wurde, statteten wir uns mit

Wir konnten die Nacht zum Tage machen …

Bluetoothbox und dickem Pulli aus und zogen in den Park oder an einen anderen Treffpunkt. Viele Anwohner guckten eher genervt aus dem Fenster, schließlich hatten sie im schlimmsten Fall eine laute Nacht vor sich. Im Laufe der Sommer standen auch gerne mal Polizeiautos dezent in der Nähe, aber ihre Taschenlampen würden wir erst ein paar Stunden später zu sehen bekommen. Für die unter uns, die gerne feierten, waren das die Anfänge des Nachtlebens. Wir lernten Leute über unsere Schule hinaus kennen, bekamen erste Biere und Zigarettenzüge angeboten und wuchsen in die neue Generation der Chiller hinein. Es war also der perfekte Ausgangspunkt für die weitere Nacht. Wer nicht auch noch die nächsten Stunden bei Flunkyball oder Gesprächen über das Universum unter dem Sternenhimmel bleiben wollte, verbrachte die nächsten Stunden in Bars und Clubs oder beidem. Besonders gut war es, im Beisein von 18-Jährigen zu sein, um sich den Einlass in die meisten Clubs zumindest etwas zu erleichtern. Da wurden dann mit ausgetüftelten Techniken Stempel nachgemalt und abgedruckt, Ausweise verliehen und auf leichtgläubige Türsteher gehofft.

In dieser zweiten Hälfte der vierundzwanzig Stunden, die der Tag einem bietet, konnte man sich die Hektik der ersten gar nicht mehr vorstellen. Solche Abende konnten sich also in verschiedenste Richtungen entwickeln und waren oft ein sehr wichtiger Teil unseres Lebens.

… und den Tag zur Nacht.

Den eigenen Style galt es zu finden.

Das bin ich ...

... oder besser gesagt, das war ich.

Heutzutage über einige unserer Ausprobierphasen nachzudenken, bringt uns mit Sicherheit oft zum Lachen. Viele wollten so gut wie alles ausprobieren, kamen an dem einen Tag mit einem Rocker-Outfit, am nächsten mit schicken Klamotten und schließlich als Hippie in die Schule. Für alle, die schon gefühlt immer ihren Style gefunden hatten, war das witzig mit anzusehen. Ein bisschen mit der Mode mitzugehen, konnte man aber fast nicht vermeiden. Egal ob es um die Winterjacke ging, die dann halt nur als khakifarbene Parka-Edition erhältlich war, oder um eine neue Jeans, welche sich von einheitlich eng zu einheitlich weit geändert hatte. Wenn man aus der Reihe tanzen wollte, musste man sich schon ein bisschen Gedanken machen, da reichte es nicht, mal eben schnell zu Zara oder H&M zu gehen. Wahrscheinlich entwickelte sich gerade wegen der immer extremeren „Massenmoden" der Secondhand-Style. Als hätte man eine Zeitreise gemacht, sah man überall die 80er-Jahre-Mode wieder aufblühen. Bomberjacken, Karottenhosen und die Jeans, heutzutage bekannt als „Mom-Jeans", da sie theoretisch aus dem Kleiderschrank unserer Mütter sein könnte. Auf die Idee, dass man, wenn alle im Retrofieber sind, einfach die original alten Sachen nehmen könnte, kamen auch einige. So durchkramte man tatsächlich den Kleiderschrank der Eltern, manchmal sogar der Großeltern. Schon erstaunlich, wie sich ein paar Designs durch die Jahrzehnte hindurchzogen.

Durch die vielen Möglichkeiten, sein Aussehen und die Art, wie man auftritt, zu bestimmen, entstanden verschiedene Lifestyle-Gruppen. Da gab es zum einen die Ökos, egal ob vegan oder nicht, die auf die Herkunft der Anziehsachen und auf die Materialien achteten und meistens in Secondhand-Läden einkauften. Auch bei den Lebensmitteln gaben sie für ein Fair-Trade-Produkt gerne ein bisschen mehr Geld aus.

Eine andere Gruppe waren die Neuheitsliebenden. Sie waren immer auf dem neusten Stand, besaßen schon nach drei Tagen das neue iPhone, wussten, welches Make-up man trug und natürlich auch welche Klamotten man sich auf jeden Fall für die nächste Saison zulegen sollte. Auch beim Essen waren die neusten Trends schnell ausprobiert.

Um sich vom Mainstream abzuheben, gab es auch die Extremen. Sie lebten ihren komplett eigenen Style mit allem Drum und Dran. Doch es konnte passieren, dass mehrere auf diese Idee kamen und selbst die Speziellen nicht mehr speziell waren.

Schließlich gab und gibt es wie immer auch diejenigen, die einen Mittelweg finden und versuchen, nicht zu stark in die eine oder die andere Richtung zu gehen. Von allem etwas mitzubekommen bietet einem schließlich die beste Möglichkeit, sich überall inspirieren zu lassen. Denn Inspiration und gute Ideen ließen sich überall finden und daraus konnte man sich seinen eigenen Style und seine eigene Meinung bilden.

Hier konnte man Schätze auftun.

„Je suis Charlie"

Am 7. Januar 2015 kam es zu einem Anschlag auf die Redaktion der französischen Satirezeitschrift „Charlie Hebdo". Elf Menschen kamen bei diesem Angriff ums Leben. Es handelte sich um einen Terroranschlag von zwei islamistischen Tätern, welche sich später zu Al-Qaida bekannten. In „Charlie Hebdo" wurden zuvor Mohammed-Karikaturen veröffentlicht. Später wurde der Spruch „Je suis Charlie" zu einem Slogan, der die Solidarität mit den Opfern und dem Bekenntnis zur Presse- und Meinungsfreiheit ausdrückt.

Doch das war nur der Anfang einer Terrorwelle, die Frankreich erschütterte: Am 13. November 2015 schlugen Attentäter an fünf Orten in Paris zu, dabei starben 150 Menschen, mehr als doppelt so viele wurden verletzt.

Am 14. Juli 2016 raste ein Mann mit einem Laster in Nizza in eine Menschenmenge, die den französischen Nationalfeiertag beging: 84 Tote und viele Dutzend Verletzte waren die schreckliche Bilanz. Wenige Tage später ermordeten Terroristen in der Normandie einen Pfarrer während eines Gottesdienstes und nahmen Geiseln. Es herrschte höchste Alarmstufe in Frankreich, aber auch Deutschland, Belgien, Großbritannien und andere europäische Länder sollten Ziele von terroristischen Anschlägen werden.

Avocados und Sushirollen auf Socken

Besonders geprägt war unsere Jugend durch den Fitness- und Gesundheitswahn. Fitnessstudios standen zum Beispiel unter dem fragwürdigen Motto „Muskeln sind die neuen Kurven" und es war eher die Ausnahme, nicht in einem solchen angemeldet zu sein. Während fleißig trainiert und mit Proteinshakes nachgeholfen wurde, sprang sogar McDonald's auf den „grünen" Zug auf und das Logo der wohl bekanntesten Fastfoodkette prangte nun grün-gelb statt rot-gelb über der Ladentür. So konnte man nach dem Training doch noch

beruhigt einen Double Cheeseburger essen und sich einreden, er sei gesund.

Der Fitnesstrend brachte aber auch viele neue und wirklich gesunde Rezepte mit sich. So gab es zum Frühstück einen fruchtigen Smoothie mit Haferflocken und Chiasamen angereichert oder einen grünen Smoothie, püriert aus allem, was eben grün ist.

Zum Mittag gab es Zucchini-Nudeln im Angebot und nachmittags ging es weiter mit einem durch Kokosblütenzucker gesüßten Matcha Latte. Mit dem Kokosblütenzucker, der Krebs und Diabetes vorbeugen sollte, und dem japanischen Matcha-Tee, welcher eine aktivierende, aber gleichzeitig entspannende Wirkung versprach, konnte man also nicht besonders viel falsch machen.

Japan brachte aber nicht nur den Matcha, sondern beglückte uns auch noch mit Sushi in allen möglichen Varianten. Die kleinen Röllchen und Häppchen aus Reis, Algen, Gemüse und Fisch wurden zu einem beliebten Imbiss für zwischendurch, konnten aber auch in schickeren Restaurants genossen werden. Besonders beliebt war mit Avocado gefülltes Sushi, denn das vereinte gleich beide Trends. Diese Obsession führte sogar zu Socken, die mit Sushirollen und Avocados bedruckt waren.

Abschließend zum Fitness- und Gesundheitswahn sind noch die Ernährungsformen Low-Carb und High-Carb zu erwähnen. Die beiden Namen zeigen schon, dass es hier um jeweils gegensätzliche Ansätze geht. Dennoch versprachen beide, beim Abnehmen und/oder Muskelaufbau zu helfen. Ob viele oder wenige Kohlenhydrate – alles wurde ausprobiert, mit mehr oder weniger Erfolg.

Zu einem anderen Thema wurde der Veganismus. Nachdem in einem Restaurant kein vegetarisches Gericht mehr auf der Karte fehlen durfte, erwarteten viele von uns nun auch mit gutem Recht eine vegane Auswahl.

Zum Kaffee gab es Soja-, Mandel- oder Hafermilch und auch Eier und Käse ließen sich leicht ersetzen. Zudem brachte der Veganismus Wort- und Rezept-neuschöpfungen wie den „Vöner", einen veganen Döner hervor.

Zwar nicht gesund, aber trotzdem sehr gut zum Ausklang eines Tages passend war die Club-Mate, eine einfache Fassbrause, oder für extra Energie ein Red Bull.

Durch diese ganzen Kulinaria probierten wir uns und fanden allmählich heraus, welche Ernährung uns persönlich am besten schmeckte und bekam.

Die Flüchtlingskrise

Seit 2015 nahm die Anzahl der Migranten und Flüchtlinge in einigen europäischen Staaten stark zu. Viele flohen auf Grund von Kriegen oder politischen Verfolgun-gen aus Afrika, oft unter schwersten Bedingungen über das Mittelmeer und den Balkan nach West- und Nordeuropa.

Durch die stark ansteigenden Flücht-lingszahlen waren viele europäische Länder überfordert und mussten über eine neue Asylpolitik nachdenken.

Die Asylgesetze wurden verschärft und es wurde schwieriger, eine Aufenthalts-erlaubnis gewährt zu bekommen. Trotzdem entstanden z. B. in Deutschland viele Einrichtungen und Integrations-möglichkeiten für Migranten und zahlrei-che freiwillige Helfer engagierten sich in der Flüchtlingshilfe. Auf der anderen Seite löste der Zustrom von Geflüchteten auch Ängste aus und stärkte Rechtspopulisten wie die AfD.

Digital Natives

Die rasante Entwicklung von Social-Media-Plattformen erlebten wir von Anfang an hautnah mit. Ein Konto bei Schüler-VZ haben nur die wenigsten gehabt und aktiv benutzt, denn schnell drängte sich Facebook in den Vordergrund. Dort wurde viel gechattet, vor allem aber wurden Fotos und Videos geteilt, geliked und gestalkt. Von Leuten, mit denen man nicht eng befreundet war, erfuhr man durch solche Beiträge, wo sie den Urlaub verbracht hatten, auf welchem Konzert sie gewesen waren oder wie der Sonnenuntergang des gestrigen Tages aus ihrer Fensterperspektive aussah. Wer Langeweile hatte, war auf Facebook auf jeden Fall gut versorgt, denn es gab auch tausende Katzen- und Failvideos zu sehen, von denen man sich berieseln lassen konnte. Viele verbrachten also Stunden damit, sich anzusehen, wie Leute mit dem Skateboard stürzten, Saltos verpatzten, gegen Türen rannten oder wie Katzen ihre neusten Kunststücke vorführten. Allerdings war diese zunächst etwas sinnlos wirkende Fülle an Beiträgen auf Facebook gleichzeitig auch der Vorteil der Plattform. Wir konnten superleicht Kontakt zu Menschen aus aller Welt halten oder knüpfen und bekamen mit, was in anderen Ländern gerade Sache war. Außerdem war es bei 150 Facebook-Freund*innen kein Problem, alle auf einmal zu erreichen, um eine Party zu veranstalten – das konnte allerdings auch in einer Katastrophe enden, weil mit so vielen „Freund*innen" dann doch nicht gerechnet wurde.

Die Social-Media-Welt war allerdings sehr schnelllebig, sodass der Facebook-Account zwar noch blieb und die geposteten Fotos erst recht noch in der Cloud unterwegs waren, aber andere Plattformen deutlich mehr verbreitet wurden. Für Fotos und Videos wurde Instagram bevorzugt, das Chatten spielte sich auf WhatsApp ab. Ab dem Ende der Mittelstufe war es eine absolute Ausnahme, kein WhatsApp auf dem Handy installiert zu haben. Dort konnte man sich kostenlos schreiben, Mitglied verschiedener Gruppen werden oder auch schnell eine Hausaufgabe verschicken. Es gab sogar Klassengruppen mit Lehrer*innen, sodass die ursprüngliche Freizeit-App auch Quelle wichtiger Informationen wurde.

Während viele bei Instagram Wert auf besonders schöne und bearbeitete Fotos legten und sich sogar ein Farbmotto ihres „Feeds" überlegten, entstand Snapchat. Dort wurden Bilder veröffentlicht, die unsere Freund*innen nur für ein paar Sekunden sehen konnten, bis das Bild wieder gelöscht war, z. B. Grimassen, leckere Eisbecher oder heimliche Bilder aus der Schule, also alles, was uns in diesem einen Moment beschäftigte.

Wer die neusten Schlagzeilen oder Äußerungen von Politikern und Promis hören wollte, hatte einen Twitter-Account. Oft schafften es brisante Tweets sogar in die Nachrichten. Diese Plattform war also besonders auf Kurzmeldungen fixiert, während es für längere Videos YouTube gab. Dort konnte man sich über verschiedenste Themen in meist ca. 10 Minuten langen Videos informieren und inspirieren lassen. Lifestyle, Let's Plays, Tutorials, politische Meinungen, aktuelle Trends usw. deckten alle Interessensfelder ab.

Wir wurden also den ganzen Tag mehr oder weniger freiwillig mit Eindrücken, Infos und Nachrichten bombardiert, da tat es ab und zu auch einmal gut, sein Handy einfach auszulassen, um abschalten zu können und nicht erreichbar zu sein.

Weltenbummler

Als die Generation der Weltenbummler können wir uns definitiv bezeichnen. Dank offener Grenzen und vielfältiger Reiseangebote, nicht zuletzt auch von der Schule aus, sind den meisten von uns einige europäische Länder bekannt.

Gemeinsam mit uns vergrößerten sich auch die Radien unserer Klassen- oder Kursfahrten. Während wir am Anfang unserer Schullaufbahn für ein paar Tage die verschiedenen Kornarten auf Bauernhöfen im Landkreis kennen-lernten, so entstand das nächste Klassenbild schon an der Ostsee, bis wir es schließlich zu den Überresten der Berliner Mauer schafften. Für Abschluss-fahrten in der neunten/zehnten Klasse oder zum Abitur nahmen wir auch gerne einmal zwölf und mehr Stunden Fahrt nach Kroatien oder Italien in Kauf und manche schafften es sogar in den Flieger nach Dublin oder Madrid.

Wem das noch nicht reichte, der wählte eins der Austauschprogramme, die je nach Schule nach Frankreich, Spanien, Russland, in die Türkei, oder für besonders

Vom Campingkocher schmeckt auch die Tütensuppe.

Mutige in die USA gingen. Dort wohnten wir dann meist für zwei Wochen bei einer Gastfamilie, schafften es mehr oder weniger mit ein bisschen Schulvokabular oder Händen und Füßen, uns zu verständigen und kamen im besten Fall inspiriert und abenteuerlustig wieder.

Auch in unseren Ferien bekamen wir viel von der Welt zu sehen. Wer mit seiner Familie keine spektakulären Auslandsreisen machte, nahm an Jugendfreizeiten teil oder fuhr auf eigene Faust weg. Sechs Wochen Sommerferien waren immerhin genug Zeit, um ordentlich herumzukommen. Wie schon für viele Generationen vor uns, waren Interrailreisen sehr attraktiv und so verbrachten wir ein paar Wochen in Zügen, auf Campingplätzen und in Hostels in den Weiten Europas. Nachdem wir uns auf solch einer Reise ein großes Netz an neuen Bekannten gespannt hatten, fiel uns die Rückkehr oft sehr schwer und beim sehnsüchtigen Anblick der geschossenen Fotos war an Schule nicht mehr zu denken.

Auch war es nicht unüblich, schon nach der zehnten Klasse ein Auslandsjahr zu machen oder zumindest schon frühzeitig nach Auslandsangeboten nach dem Schulabschluss Ausschau zu halten.

Das frühe Kennenlernen von anderen Kulturen ist mit Sicherheit ein großes Privileg unserer Generation und hat uns in positiver Weise sehr geprägt.

Mit Interrail durch Europa.

Wie geht es weiter?

Der Zeit nach der Schule blickten alle mit gemischten Gefühlen entgegen. Alles, was wir bisher gewöhnt waren, konnten wir nun hinter uns lassen und etwas komplett Neues entdecken. Das war gar nicht so einfach, weil wir einen Alltag ohne Schule überhaupt nicht kannten.

Für manche war schon seit Jahren klar, was jetzt kommen würde und es wurde zielstrebig eine Lehre, ein FSJ, ein Studium oder ein längerer Auslandsaufenthalt angetreten. Oft hatten wir aber auch noch keine Pläne und konnten zum ersten Mal bewusst einfach so in den Tag hineinleben.

So toll es auch war, ein Angebot von tausend Möglichkeiten zu haben, umso trauriger war es, dass sich jeder in eine andere Richtung bewegte und man sich leicht aus den Augen verlieren konnte.

Sehr verbreitet war es, sich sofort nach der Schule und mit riesiger Neugierde in ein Backpacking- oder Work-and-Travel-Abenteuer zu stürzen. Die Euphorie wechselte sich jedoch oft mit Zukunftsängsten und Heimweh ab und es dauerte eine Zeit, bis jeder seinen persönlichen Weg gefunden hatte.

Wenn wir zurückschauen, scheint es uns unmöglich, alles Erlebte und Getane in ein paar Sätze zu quetschen, und es macht Spaß, auf all diese vielfältigen Momente zurückzublicken, doch fast noch schöner ist es, mit unseren Träumen und Erwartungen in Richtung Zukunft zu schauen.

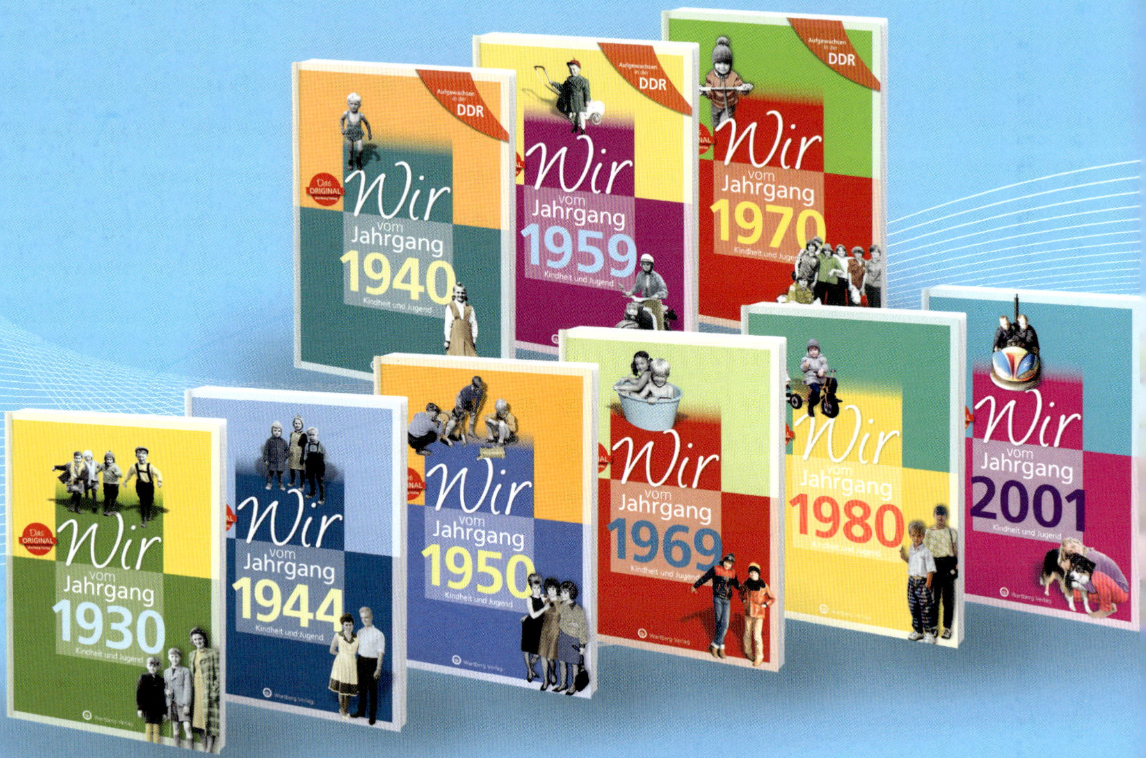